자연 다큐 백과
우주와 별

NATIONAL GEOGRAPHIC KiDS

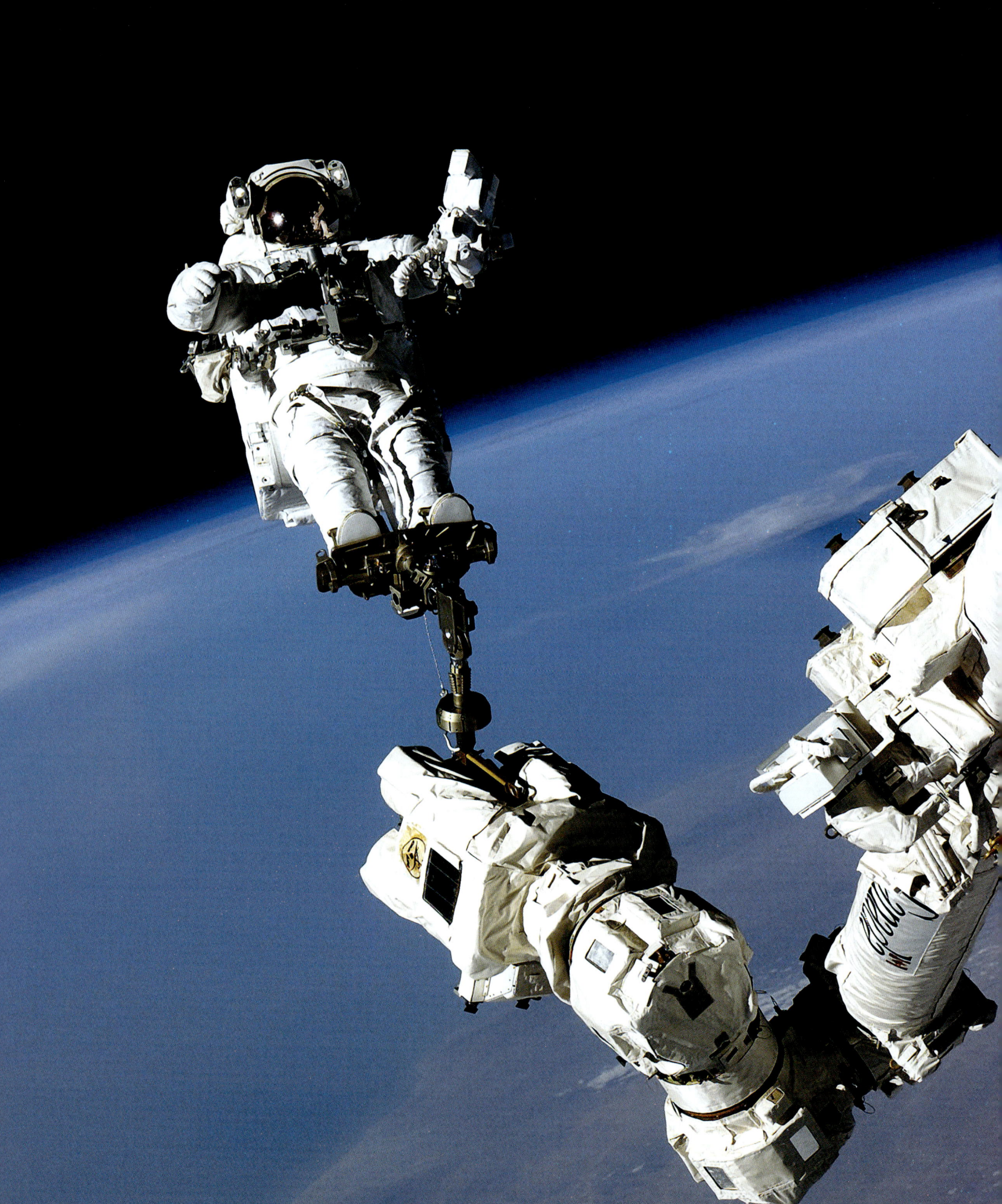

NATIONAL GEOGRAPHIC KiDS

자연 다큐 백과
우주와 별

헬레인 베커, 브렌던 멀런 지음 | 이강환 옮김 | 맹승호 감수

차례

소개합니다! 6

❶ 우주의 이웃들   8
우주가 뭐예요? 10
태양계에 있는 우리의 이웃 12
하늘의 별을 연구해요 14
우주는 어떻게 생겨났을까요? 16
생생한 자연 관찰 우리 은하는 어떻게 생겼나요? 18

❷ 우주의 비밀   20
별은 어떻게 태어나고 죽나요? 22
유성체, 유성, 운석, 유성우 24
머나먼 우주에는 뭐가 있나요? 26
우주에는 누가 살고 있을까요? 28
찰칵! 우주 사진전 지구 밖에서 본 풍경 30

❸ 우주 탐사의 역사   32
치열한 우주 탐사 경쟁 34
우주 탐사를 위한 끝없는 노력 36
우주에서는 어떻게 생활할까요? 38
우주 탐사의 멋진 영웅들 40
과거 VS 현재 우주에 대한 이해 42

❹ 재미있는 우주 정보   44
나와 어울리는 우주 분야 직업 46
별을 관찰해 보아요 48
우주를 둘러싼 사실과 거짓 50
상상이 현실이 되었어요! 52
천문학자가 들려주는 뒷이야기 54

우주가 주는 교훈 56
도전! 우주 박사 퀴즈를 풀며 용어를 익혀요 60
찾아보기 62

미국 플로리다주의 케네디 우주 센터에서 우주 왕복선을 발사합니다! 엄청난 폭발음을 내며 수증기가 일고 있어요.

우리 지구가 속해 있는 우리은하는 나선형*으로 생겼으며, 2000억 개가 넘는 별이 있어요. 우리은하의 나이는 약 136억 살이랍니다.

*나선형: 소용돌이 모양의 곡선.

소개합니다!

우주는 무한하게 크기도 하고, 무한하게 작기도 합니다.

우리가 살고 있는 지구 밖 우주에는 수 광년*이나 떨어진 은하, 우주를 떠다니는 물질, 그리고 여러 형태의 에너지를 가진 입자들이 있어요. 태양과 행성들, 은하, 혜성, 블랙홀 등 셀 수도 없을 만큼 많은 것들이 있답니다.

밤하늘 저 너머에 뭐가 있을지 궁금하지 않나요? 사람들은 지난 수천 년 동안 우주를 향한 끝없는 호기심으로 우주를 탐구해 왔습니다. 단순히 별을 관측하는 것에서부터 달에 착륙하고, 태양계 너머로 우주 탐사선을 보내기에 이르렀지요.

여러분도 우주 급행열차를 타고, 우주의 수수께끼를 찾아 떠나 볼까요? 별이 태어나는 모습과 멀고 먼 은하에 숨어 있는 생명체의 소리를 들어 보아요. 준비되었나요? 자, 출발!

*광년: 빛이 초속 30만 킬로미터의 속도로 1년 동안 나아가는 거리로, 한 천체와 다른 천체 사이의 거리를 나타내는 단위.

천문학자 인터뷰

여러분, 안녕하세요. 내 이름은 브렌던 멀런이에요. 나는 천문학자, 그러니까 우주를 연구하는 사람이에요. 전 세계에 있는 큰 망원경들, 심지어 우주에 있는 망원경으로 우주의 행성과 별, 은하들을 관측한답니다. 가끔씩은 외계 생명체의 증거를 찾는 천문학자들을 돕기도 하지요. 이 책에서 「천문학자 인터뷰」를 찾아보세요. 여러분이 우주 탐험가에 도전할 수 있도록 놀라운 정보들을 알려 줄게요.

지구는 **태양**의 주위를 돌고, 태양은 **우리은하**에 속해 있어요. 우리은하는 다른 은하 수백 수천 개와 함께 **국부 은하군**에, 국부 은하군은 훨씬 더 큰 은하단인 **처녀자리 초은하단**에 속해요.

1 우주의 이웃들

우주가 뭐예요?

간단하게 설명한다면 지구에서 100킬로미터보다 멀리 벗어난 곳에 있는 모든 것이에요.
물론 우주를 연구하는 과학자들에게는 훨씬 더 많은 것을 의미하지요. 우주는 끝없는 수수께끼로 넘쳐나는 곳이니까요.

행성에 대해 알아보아요!
행성은 우주에서 별의 주위를 도는 커다란 암석과 기체 덩어리예요. 수성과 같은 행성은 작고 단단하지만, 목성은 거대한 기체로 이루어져 있답니다. 행성에는 그 주변을 도는 위성이 있어요. 한 개 또는 여러 개 있지요.

대기권이 뭐예요?
지구를 포함한 몇몇 행성은 대기권이 있어요. 행성을 둘러싸고 보호해 주는 공기층이죠. 지구의 대기권은 5개의 층으로 이루어져 있어요.

- 대류권
- 성층권
- 중간권
- 열권
- 외기권

대기권은 얼마나 클까요?
땅에서 가장 가까운 대류권은 극지방에서 8~11킬로미터, 적도에서 16킬로미터까지예요. 비행기와 제트기는 성층권에서 날아다녀요. 열권에서는 오로라가 만들어지고, 인공위성들은 땅 위 500킬로미터부터 시작되는 외기권에서 지구 주변을 돌아요.

잠깐 상식! 태양계의 나이는 46억 살이에요.

나선은하

은하가 뭐예요?

은하는 별과 행성들이 무리를 지어 모여 있는 것이에요. 은하의 모양은 여러 가지예요. 예를 들어 우리가 사는 우리은하는 나선 은하입니다. 별과 행성을 비롯한 모든 물질*들이 중심부 주위를 도는 소용돌이처럼 생겼어요. 수박처럼 생기거나 올챙이를 닮은 은하도 있지요. 둘 이상의 은하들이 서로 이어져 있는 이중 은하, 혹은 다중 은하도 있어요.

*물질: 자연을 이루는 요소로, 공간을 차지하고, 여러 자연 현상을 일으킨다.

행성이 아니라고요?

2000년대 전까지만 해도 과학자들은 우리 태양계에 9개의 행성이 있다고 생각했어요. 그런데 과학 기술이 발달하면서 태양 주위를 도는 천체들이 더 많이 발견되었어요. 새롭게 발견된 천체들도 행성이라고 해야 할까요?
국제천문연맹(IAU)에서는 2006년에 행성을 다음과 같이 정의했답니다.

- 일정한 길을 따라 태양 주위를 안정적으로 돌아야 한다.
- 둥근 모양이어야 한다.
- 주변에 비슷한 크기의 천체가 남지 않을 만큼 중력*이 압도적으로 세야 한다.
- 행성의 주위를 도는 위성이 아니어야 한다.

이에 따라 태양계의 아홉 번째 행성이었던 명왕성은 행성에서 제외되었습니다. 명왕성 주변에서 비슷한 크기의 천체가 발견되었거든요.

*중력: 질량을 가진 물체가 서로 끌어당기는 힘.

우주를 상상해 봐요!

우주가 하나의 컵이라면 우주를 이루는 모든 것이 그 안에 있어요. 그래서 우주는 '모든 것'을 의미하기도 해요. 우리 모두를 포함하여 하늘의 모든 별들은 우주에 속합니다. 머리가 복잡해지려고 하나요? 놀라운 사실을 한 가지 더 알려 줄게요. 우주는 점점 더 커지고 있어요!

그리스어에서 유래했어요

고대 그리스인들은 오랫동안 별과 우주, 태양계를 연구했어요. 행성과 몇몇 별들에 이름을 붙였지요. '행성(planet)'이라는 말은 '떠돌이'를 뜻하는 그리스어 '플래닛(planete)'에서 유래했어요. '우주 비행사(astronaut)'는 그리스어로 '별들 사이를 항해하는 탐험가'라는 뜻이랍니다.

태양계에 있는 우리의 이웃

태양계의 모든 이웃은
저마다 특징이 있지만 공통점도 있어요.
그중 한 가지! 태양계의 행성은 모두 태양을 중심으로 돌고 있답니다.
태양 주위를 돌고 있는 지구의 이웃을 만나 볼까요?

태양계의 8개 행성
태양계에 있는 행성들은 수성, 금성, 지구, 화성, 목성, 토성, 천왕성, 해왕성 순서로 떨어져 있어요. 화성과 목성 사이에는 소행성들이 띠를 이루고 있지요.

중심별, 태양
태양은 엄청나게 뜨겁고, 기체로 이루어진 단단한 공이에요. 태양계를 통틀어 가장 크고 뜨거운 천체랍니다. 태양은 모든 행성들에게 빛과 열에너지, 그리고 다양한 종류의 전자기파*를 내보내요.

수성
수성은 태양계에서 태양에 가장 가까이 있으면서 가장 작은 행성이에요. 수성은 곳에 따라 온도 차이가 커요. 태양을 향하는 쪽은 섭씨 450도, 반대쪽은 영하 163도 정도예요.

금성
지구에서 가장 가까운 이웃 행성이에요. 지구와 쌍둥이 행성이라고도 하지요. 금성은 대기층이 두꺼워 태양 에너지를 밖으로 잘 내보내지 않아요. 금성의 표면은 섭씨 462도 이하로 내려가지 않는답니다.

우리가 사는 지구
지구는 태양에서 1억 5천만 킬로미터 떨어져 있어요. 그래서 물이 액체 상태로 유지되지요. 태양에 더 가까우면 물이 증발해 버릴 테고, 더 멀면 물이 얼어 버릴 거예요. 실제로 지구 표면의 71퍼센트는 물로 덮여 있어요.

잠깐 상식! 행성이 태양 주변을 돌듯이 태양도 우리은하 중심을 돌아요.

*전자기파: 공간에서 전기장과 자기장이 주기적으로 변하며 전달되는 것. 빛, 자외선 등이 있다.

화성
화성은 산화철 때문에 붉게 보여서 '붉은 행성'이라고 부른답니다.

목성
목성은 거대한 기체 행성이에요. 뜨겁고 두꺼운 핵 주변을 기체와 액체가 둘러싸고 있답니다. 목성의 대기는 수소, 헬륨 등이 뒤엉켜 소용돌이치는 구름 모양을 이루어요. 목성의 위성은 50개로 알려져 있지만, 과학자들은 더 있을 거라고 믿고 있어요.

토성
기체로 이루어진 토성은 7개의 연속적인 고리가 있어요. 고리와 그 주변은 암석, 얼음, 먼지 등으로 이루어졌지요. 토성은 62개의 위성이 있는데 그중 하나인 타이탄은 크기가 수성보다 더 커요.

천왕성
태양계에서 세 번째로 큰 행성인 천왕성은 1781년에 발견되었어요. 다른 행성들보다 수천 년이나 늦게 드러난 거예요.

해왕성
해왕성은 태양에서 가장 멀리 떨어져 있는 행성이에요. 가까이에 있는 천왕성과 함께 '거대 얼음 행성'이라고 불리지요. 태양과 멀리 떨어져 있어서 표면의 온도가 매우 낮아요.

달은 지구의 위성이에요
달은 지구의 약 4분의 1크기예요. 달이 어떻게 만들어졌는가에 대한 이론은 여러 가지가 있어요. 그중 약 40억 년 전 원시 행성인 테아가 지구와 부딪히면서 엄청난 폭발이 일어났고 그때 떨어져 나간 암석이 뭉쳐져 달이 된 것이라는 설이 가장 인정받고 있어요.

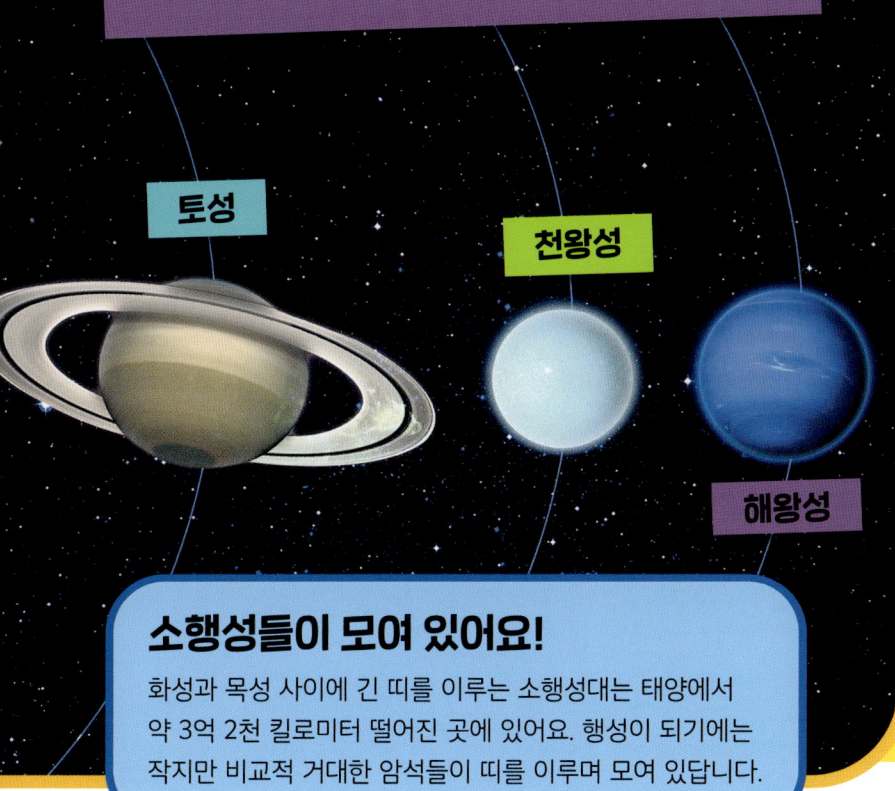

토성 / 천왕성 / 해왕성

소행성들이 모여 있어요!
화성과 목성 사이에 긴 띠를 이루는 소행성대는 태양에서 약 3억 2천 킬로미터 떨어진 곳에 있어요. 행성이 되기에는 작지만 비교적 거대한 암석들이 띠를 이루며 모여 있답니다.

숫자로 알아보아요!

164.8년 해왕성이 태양 주위를 한 바퀴 도는 기간.

365일 지구가 태양 주위를 한 바퀴 도는 기간.

2억 년 우리은하가 고정된 축을 중심으로 한 바퀴 도는 기간.

46억 년 전 지구가 만들어진 시기.

138억 년 전 우주가 탄생한 시기.

하늘의 별을 연구해요

천문학자들은 전 세계 곳곳의 천문대에서 여러 종류의 망원경으로 하늘을 살펴요.

망원경은 아주 멀리 있는 물체를 자세히 들여다볼 수 있도록 확대해 주는 기계예요. 전파나 에너지 변화를 측정하는 망원경도 있지요.

별을 관측하는 천문대는 대부분 도시의 불빛이 덜한 높은 산 위에 있어요. 천문대는 우리가 우주를 내다볼 수 있도록 창문이 되어 준답니다.

아레시보 천문대

미국 푸에르토리코 남쪽에 있는 아레시보 천문대는 어떤 전파 신호도 몇 분 내에 감지하는 매우 민감한 전파 망원경을 가지고 있었어요. 하지만 2020년에 붕괴되어 지금은 볼 수 없답니다.

W. M. 켁 천문대

미국 하와이 마우나케아에 있는 W. M. 켁 천문대는 처음으로 망원경을 컴퓨터로 제어했어요. 1초에도 여러 번 조정하여 하늘의 변화를 더 정확하게 관측할 수 있지요. 하와이 마우나케아에는 광학, 적외선, 서브밀리미터파 같이 파장이 짧은 전파를 관측하는 천문 기기들이 모여 세계 최대 규모의 천문 단지를 이루어요.

아타카마 대형 전파 천문대

아타카마 대형 전파 천문대는 칠레 아타카마 사막에 있어요. 이곳은 해발 5000미터에 있어서 하늘을 관측하기에 매우 좋아요. 고도가 높아서 대기가 아주 얇고, 맑고 건조한 날이 많아 우주에 있는 천체들을 잘 관측할 수 있답니다.

천문학자 인터뷰

천문학자가 되면 흥미진진한 모험을 할 수 있습니다! 멀고 먼 오지에 있는 천문대로 세계 여행을 떠날 수 있지요. 산에 오르고, 새로운 친구를 만나고, 새로운 음식을 맛보고, 밤을 지새울 수 있어요! 여행을 별로 좋아하지 않는다고 걱정하지 마세요. 여기에 소개된 대부분의 망원경은 집에서 인터넷으로 다룰 수 있으니까요. 잠옷을 입고, 우주를 관측하는 멋진 모습을 상상해 봐요. 아주 근사하지요?

아레시보 천문대

그리니치 천문대

영국 그리니치에 있는 이 천문대는 1675년 국왕 찰스 2세가 지어 1950년대까지 운영되었어요. 이 천문대는 본초 자오선* 위에 있어요. 지금은 박물관이 되었는데, 별의 움직임을 보여 주는 천체 투영관도 있어요.

로케 데 로스 무차초스 천문대에 있는 천체 망원경

인도 천문대

인도의 히말라야산맥 서쪽 해발 4500미터에 위치한 인도 천문대는 세계에서 가장 높은 곳에 있는 천문대 중 하나예요. 아시아에서 가장 우수한 천문학 연구소이기도 하지요.

남아프리카 공화국 천문대

지구의 남쪽인 **남아프리카 공화국**에 있어요. 남반구에서 단일 망원경으로는 가장 큰 천체 망원경이지요. 이 망원경은 별들이 움직이는 모습을 빠르게 촬영해 블랙홀을 찾아내는 데에 쓰인답니다. 우주가 팽창하고 있다는 사실을 증명하는 초신성*을 관측했어요.

로케 데 로스 무차초스 천문대

에스파냐 카나리아 제도에 있는 로케 데 로스 무차초스 천문대에는 세계에서 가장 큰 지상 망원경이 있어요. 이 망원경은 먼 은하, 다른 별 주위를 돌고 있는 행성들, 그리고 블랙홀을 관측할 수 있어요. 밝은 별빛을 가려서 어두운 천체도 또렷하게 볼 수 있답니다.

아타카마 대형 전파 천문대에 있는 전파 망원경

아이스큐브 중성미자 천문대

아이스큐브 중성미자 천문대는 우주를 관측하기에 딱 좋은 **남극**에 있어요. 이곳에서는 우주에서 격렬한 천체 현상으로 만들어지는 입자인 중성미자를 연구하고 있답니다. 이 천문대의 망원경은 남극 얼음 속 2450미터 깊이에 묻혀 있어요. 이렇게 깊은 곳에서는 얼음에 거품이 없고, 어두워서 중성미자를 더 자세히 관측할 수 있지요.

잠깐 상식! 1990년에 우주로 쏘아 올린 허블 우주 망원경은 세계에서 가장 큰 우주 망원경 중 하나예요.

*본초 자오선: 지구의 위치를 나타내는 세로선 중에서 기준이 되는 선. *초신성: 폭발하면서 일시적으로 엄청나게 밝은 빛을 내뿜는 별.

우주는 어떻게 생겨났을까요?

우주는 정말, 정말, 정말 커요.
한번 상상해 보세요! 태양은 우리은하에 있는 4천억 개의 별 중 하나입니다. 우리은하는 '국부 은하군'에 속하고, 국부 은하군에 있는 여러 은하에는 각각 수천억 개의 별이 있지요. 또 국부 은하군은 '처녀자리 초은하단'의 일부이며, 처녀자리 초은하단은 '라니아케아'라는 초거대 은하단의 일부랍니다. 초거대 은하단도 인류가 관측할 수 있는 광활한 우주의 일부에 불과하지요.

점점 커지는 우주

에드윈 허블

천문학자 에드윈 허블은 1920년대에 은하가 움직인다는 사실을 발견했어요. 우주의 천체들이 우리에게서 멀리 달아나고 있었지요. 우주는 계속 팽창하고 있고, 팽창 속도도 점점 더 빨라지고 있어요. 하지만 우주가 팽창하는 이유는 아직 알아내지 못했답니다.

우주의 시작

천문학자들은 흔히 '빅뱅'이라고 부르는 엄청난 우주 대폭발이 우리가 살고 있는 우주의 시작이라고 믿어요. 약 138억 년 전에 아주 작은 점으로 뭉쳐 있던 것이 폭발하면서 우주가 만들어졌다고요. 이후 우주는 지금까지 계속해서 팽창하고 있어요.

잠깐 상식! 태양을 빼고 지구에서 가장 가까운 별은 프록시마 켄타우리예요. 지구에서 약 4.3광년 떨어져 있어요. 앞서 나왔던 행성들은 스스로 빛을 내지 못하므로 별이 아니랍니다.

안드로메다은하

우리의 이웃 은하

우리은하는 국부 은하군에서 두 번째로 커요. 제일 큰 것은 우리와 가장 가까운 안드로메다은하랍니다. 안드로메다은하는 우리은하와 마주 보며 빠르게 움직이고 있어요. 부딪히면 어쩌냐고요? 걱정 마세요! 앞으로 40억 년 안에는 충돌하지 않을 테니까요.

개성 넘치는 은하들

새 은하

은하들은 생김새가 여러 가지예요. 솜브레로 은하는 멕시코의 전통 모자를 닮았어요. 두 은하가 충돌하여 만들어진 메이올 천체는 버섯처럼 생겼지요. 올챙이 은하는 이름처럼 올챙이를 쏙 닮았답니다. 새 모양을 닮은 새 은하를 보면 『피터 팬』에 나오는 요정 팅커벨이 떠올라요.

생생한 자연 관찰
우리은하는 어떻게 생겼나요?

나선팔

우주에는 수천억 개의 은하가 있어요.

우리가 살고 있는 우리은하는 그중에 하나일 뿐이지요.
캄캄한 밤, 하늘을 올려다보세요. 줄지어 있는 별들이 보이나요?
이게 바로 우리은하랍니다. 그럼 우리은하를 그림으로 살펴볼까요?
우리은하는 헤일로, 원반, 중앙 팽대부 이렇게 세 부분으로 나누어요.

헤일로
우리은하에서 가장 바깥쪽에 있는 헤일로의 별들은 아주 오래되었어요. 우리은하가 태어난 136억 년 전에 만들어졌을 거예요.

나선팔

원반
우리은하의 원반에는 중심부에서 뻗어 나온 나선 모양의 팔이 있어요. 이곳에는 젊고 뜨거운 별들이 모여 이루어진 성단이 있답니다. 천문학자들은 이곳에 엉켜 있는 별과 먼지, 기체 덩어리들 때문에 우리은하의 중심을 관찰할 수 없어요.

중앙 팽대부(은하핵)

중앙 팽대부는 매우 복잡해요. 우리은하에서 별들이 가장 빽빽하게 모여 있기 때문이에요. 많은 천문학자들은 이곳에 엄청나게 크고 무거운 블랙홀이 있을 거라고 예상하고 있어요. 그 블랙홀은 자그마치 태양의 질량보다 400만 배나 무거울 거라고요.

우리은하에 있는 4개의 나선팔에는 수많은 별들이 모여 있어요. 별이 활발하게 만들어지는 곳을 중심으로 기체와 먼지들이 뭉쳐져 팔 모양을 이루는데 굵기나 뻗어 나가는 방향은 조금씩 다르지요. 나선팔은 우주가 탄생한 지 약 80억 년이 지났을 때 만들어졌어요.

나선팔

나선팔

중앙 팽대부

블랙홀

블랙홀은 안으로 빨아들이는 강력한 힘 때문에 빛조차 빠져나올 수 없어서 검게 보이는 천체예요. 어떤 별들은 순간적으로 엄청난 에너지를 내뿜으며 폭발하고, 그 자리에 별의 에너지가 강하게 뭉쳐진 핵을 남기고 사라져요. 그 핵이 주변에 있는 모든 것을 끌어당겨 블랙홀이 만들어지는 거예요. 어떤 블랙홀은 태양계 전체를 집어삼킬 정도로 힘이 강력해요. 우리은하의 중심에도 거대한 블랙홀이 있어서 은하 전체가 블랙홀을 중심으로 돈답니다.

이 사진은 지구에서 3400광년 떨어져 있는 게 모양의 성운*이에요. 게성운은 별이 사라질 때 폭발하면서 만들어졌어요. 성운의 중심에는 강한 자기장*을 가지고 빠르게 회전하는 '펄서'가 있어요. 실량이 태양과 맞먹지만 한 도시 정도의 크기로 압축되어 있는 죽은 별이지요.

*성운: 가스, 먼지 등으로 이루어져 구름 모양으로 퍼져 보이는 천체.
*자기장: 쇠붙이를 끌어당기거나 자석의 힘이 작용하는 일정한 공간.

2 우주의 비밀

별은 어떻게 태어나고 죽나요?

우주에는 셀 수도 없을 만큼 많은 별들이 있어요.
그 별들의 크기와 종류는 아주 다양하답니다. 태양은 수많은 별들 중에 작은 별에 속하지요. 우주에 있는 많은 별들은 모두 태어나고 자라서 결국 죽음을 맞아요.

별은 강한 에너지를 갖고 있어서 어두운 밤하늘에서도 밝게 빛나요.

거대한 불의 공
대부분의 별들은 엄청난 에너지를 만들어요. 별의 중력이 수소와 헬륨을 강하게 뭉쳐서 핵융합 반응을 일으키는데 이 과정에서 어마어마한 빛과 열, 여러 종류의 전자기파가 만들어집니다. 그래서 별의 중심부의 온도는 약 1천 8백만 도까지 올라갈 수 있어요.

적색 거성과 사라져 가는 별들

적색 거성은 서서히 죽어 가는 별이에요. 별의 중심핵에서 수소가 떨어져 크기가 커지고 붉게 빛나지요. 백색 왜성은 별이 죽어 가면서 어둡게 보이는 별이랍니다. 한편 우리은하에서 가장 흔한 적색 왜성은 태양보다 작아요. 빛이 약해서 지구에서는 보기가 어렵답니다.

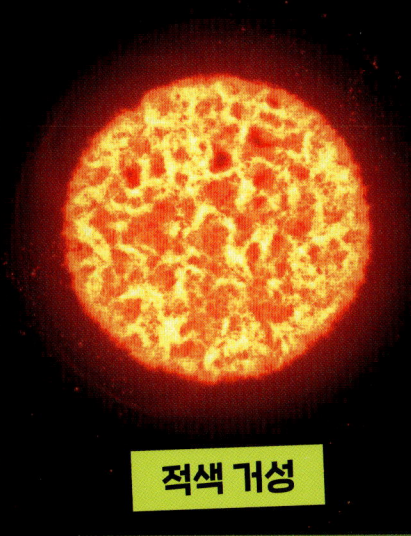

적색 거성

별의 탄생

별들은 기체나 먼지 구름이 모여 있는 성운에서 태어납니다. 거대한 기체 덩어리와 먼지 구름이 서로 끌어당기면서 압력이 올라가면, 그 안에 있던 기체들이 서로 충돌하면서 가운데가 점점 뜨거워지지요. 이때 별이 만들어져요.

별의 에너지원

별은 수소가 핵융합 반응을 일으킬 때 뿜어내는 에너지로 살아가요. 그러다가 수소를 다 쓰면 팽창하면서 별의 크기가 커지고, 헬륨을 써서 에너지를 내지요. 헬륨이 다 떨어지면 다른 무거운 물질을 연료로 쓰거나 천천히 식어요. 별들이 어떻게 죽는가는 별의 질량에 달려 있어요. 질량이 작은 별들은 바깥층을 우주로 뱉으면서, 질량이 큰 별들은 초신성이 되어 엄청나게 밝아진 뒤 점차 사라지지요.

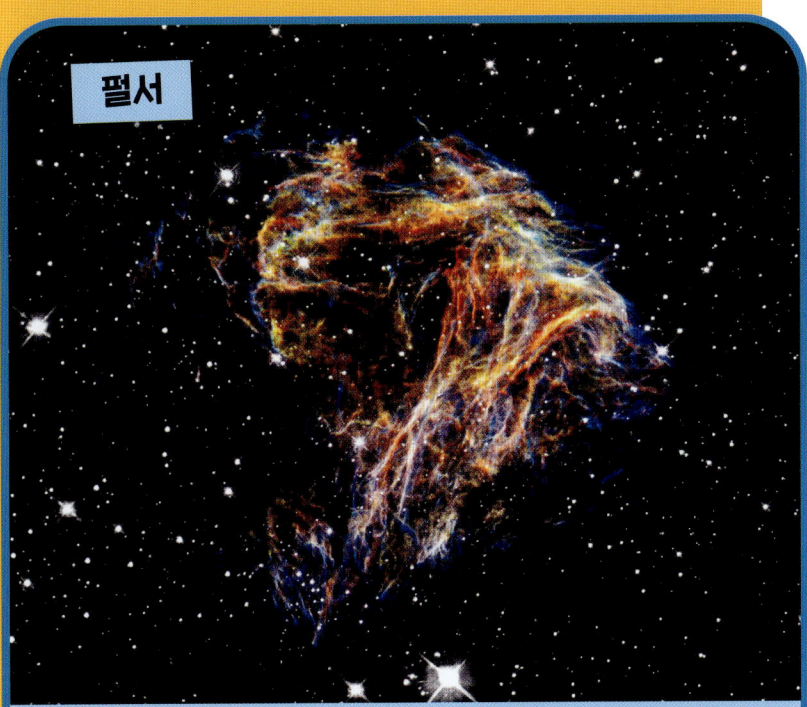

펄서

초신성

깜빡이는 펄서

펄서는 규칙적으로 밝아졌다 어두워지기를 반복하는 별이에요. 실제로 별의 밝기가 변하는 것이 아니라 깜빡이는 것처럼 보이는 것이지요. 빠르게 회전할 때 강한 전자기파가 마치 등대의 불빛처럼 주기적으로 지구를 비추기 때문이에요. 이 빛은 몇 분의 1초, 혹은 수천 분의 1초 단위로 규칙적으로 깜빡여요. 그래서 천문학자들은 펄서를 천체 시계로 활용하기도 한답니다.

잠깐 상식! 맑은 날 밤에는 망원경을 쓰지 않고 맨눈으로 밤하늘의 별을 약 3000개나 볼 수 있어요.

유성체, 유성, 운석, 유성우

별똥별을 본 적이 있나요?

어두운 밤하늘에 밝은 빛을 내뿜는 별똥별은 무척 아름답지요. 별똥별은 사실 별이 아니에요. 우주에 떠다니는 암석이 지구의 대기를 지나면서 타는 것이랍니다. 지구 주변에는 매일 수십억 개의 작은 물체들이 스쳐 지나가요. 대부분 너무 작아서 보이지 않지만 가끔씩 지구의 대기로 들어오는 경우가 있지요. 또 아주 가끔씩은 땅으로 떨어지기도 하고요.

유성과 관계있는 이름들

유성체, 유성, 운석, 유성우. 비슷한 듯 다른 각각의 의미를 살펴볼까요? 유성체는 우주에 떠다니는 약 1미터 정도 되는 암석이에요. 이것이 지구의 대기를 빠르게 지나면서 타는 불빛을 유성이라고 합니다. 유성을 순우리말로 별똥별이라고도 해요. 유성체가 땅에 떨어진 것이 운석이지요. 또 여러 개의 유성이 하늘에서 불빛 쇼를 펼치는 것을 유성우라고 해요.

핼리 혜성

비처럼 쏟아지는 유성우

76년마다 태양계를 찾아오는 핼리 혜성

혜성은 행성으로 자라지 못한 작은 암석, 먼지, 얼음 덩어리예요. 주로 우리 태양계의 바깥쪽인 카이퍼 벨트와 오오트 구름에서 발견됩니다. 카이퍼 벨트는 태양계에서 해왕성보다 바깥쪽에 기체, 얼음, 소행성, 왜소행성* 등으로 이루어진 도넛 모양의 띠예요. 오오트 구름은 태양계 가장자리에서 얼음 조각들이 구름을 이루고 있는 곳이지요. 혜성은 회전하는 경로에 따라 태양계 안쪽으로 들어오기도 해요. 그중 핼리 혜성은 76년마다 태양계 안쪽을 방문해요. 어떤 혜성은 수천 년에 한 번씩 태양계의 안쪽으로 들어오기도 해요.

잠깐 상식! 혜성이 태양 가까이에 다가가면 밝게 빛나는 꼬리가 생겨요.

*왜소행성: 태양계를 도는 천체이면서 행성으로 분류되지 못한 세레스, 명왕성, 에리스 등.

지구를 위협하는 소행성들

소행성은 태양계가 만들어질 때 행성이 되지 못하고 남은 조각들이에요. 유성체와 같은 우주 암석이지만 유성체보다 훨씬 더 크지요. 어떤 소행성은 너무 커서 왜소행성으로 분류하기도 해요. 천문학자들은 아주 오래전 태양계가 어땠는지 알아내기 위해 소행성을 연구한답니다.

과학자들은 6천 6백만 년 전에 **소행성**과 **지구**가 충돌했다고 주장해요. 이 충돌로 **지구 생명체**의 **90퍼센트**가 멸종했어요!

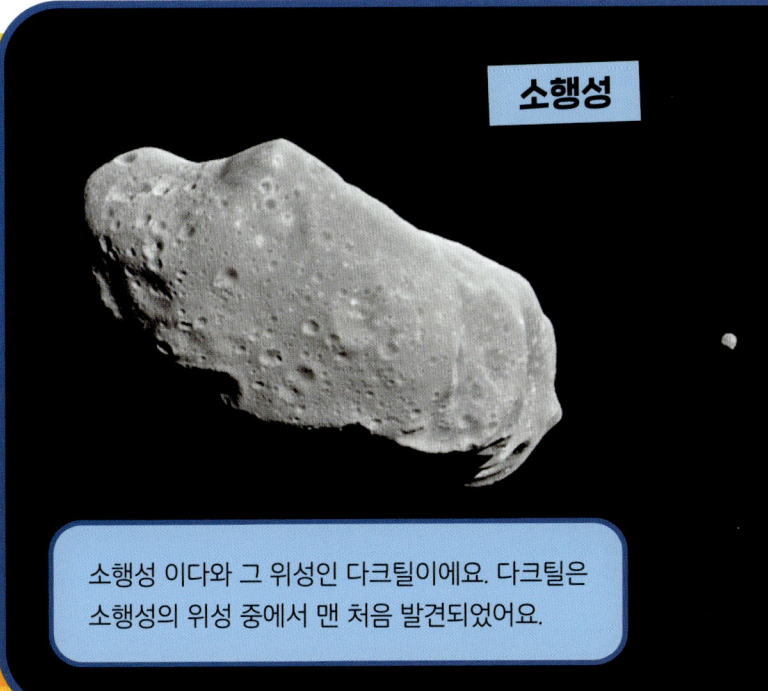

소행성

소행성 이다와 그 위성인 다크틸이에요. 다크틸은 소행성의 위성 중에서 맨 처음 발견되었어요.

첼랴빈스크에 유성이 떨어지며 하늘이 빛나고 있어요!

비상 사태 발생, 충돌에 대비하라!

달의 표면에는 구덩이들이 많이 있어요. 오래전에 소행성과 운석, 혜성이 달과 충돌한 흔적이랍니다. 우주에서 천체의 충돌은 흔히 일어나는 일이에요. 지구도 매일 우주를 떠다니는 유성체와 부딪히고, 심지어 충돌하면서 폭발이 일어나는 경우도 있지요.
2013년 2월 15일, 러시아의 첼랴빈스크에서 유성이 폭발했어요. 이때 일어난 빛은 100킬로미터 떨어진 곳에서도 태양보다 밝게 보였지요. 폭발을 직접 본 사람들은 유성이 폭발하면서 뜨거운 열을 뿜고, 화약 냄새가 났다고 말했습니다. 이 사건으로 인하여 1200여 명이 다치고 3000여 채의 건물이 망가졌어요.

머나먼 우주에는 뭐가 있나요?

**넓고 탁 트인 우주에는
인류가 풀지 못한 의문들이 많아요.**
우리가 상상할 수도 없을 만큼 넓어서 눈으로 직접 확인할 수 없기 때문이에요. 이해할 수 없는 현상들도 많지요. 우주에 있는 그 어떤 별보다 밝고 강한 전자기파를 뿜어내는 퀘이사, 우주 전체의 95퍼센트를 차지하는 암흑 물질과 암흑 에너지도 그 실체를 알아내지 못했어요. 천문학자들은 암흑 물질과 암흑 에너지가 우주에 미치는 여러 가지 영향을 찾아내고 있답니다.

빅뱅과 보이지 않는 힘
우주가 처음 생겨났을 때 강력한 폭발이 일어났어요. 이후에 우주는 점점 팽창했지요. 과학자들은 머나먼 미래에 우주의 팽창이 느려지고, 결국은 멈출 것이라고 생각했어요. 그러고는 다시 한 점으로 모여 사라질 것이라고 믿었답니다. 그런데 우주가 점점 더 빠르게 팽창하고 있다는 걸 발견한 거예요. 우주를 점점 부풀리는 힘은 암흑 에너지예요. 암흑 에너지는 우주의 70퍼센트 이상을 차지하고 있지만 직접 볼 수는 없어요. 우리가 눈으로 볼 수 없는 암흑 물질도 우주의 25퍼센트를 차지하지요. 과학자들은 우리은하에 작용하는 중력의 효과 때문에 우주에 암흑 물질이 있다는 사실을 알아냈어요.

우리 몸이 스파게티 면처럼 길어진다고요?
만약 우리 몸이 블랙홀로 빨려 들어간다면 어떻게 될까요? '스파게티화'라고 불리는 과정을 겪게 된답니다. 블랙홀로 먼저 들어간 쪽이 아직 들어가지 못한 쪽보다 더 강한 중력을 받아 빠르게 빨려 들어가면 몸이 길게 늘어나서 우주의 스파게티처럼 될 거예요.

'스파게티화'는 국수 요리인 스파게티에서 따온 이름이에요.

다양한 모양의 은하

은하는 크기와 모양이 여러 가지예요. 나선 은하는 가운데에 블랙홀이 있고, 별들이 나선 모양으로 모여 있어 그 주위를 돌아요. 우리은하도 나선 은하에 속하지요. 둥근 고리 모양의 고리 은하는 중심부에 별이 거의 없어요. 은하끼리 충돌하면서 한 은하의 중심에 있던 별과 여러 물질이 더 크고 무거운 은하로 빠져나갔기 때문이에요. 불규칙 은하는 말 그대로 규칙이 없이 여러 가지 모양이에요.

나선 은하

고리 은하

불규칙 은하

퀘이사

퀘이사

퀘이사는 은하에 떠다니는 물질이 중심에 있는 블랙홀로 한꺼번에 빨려 들어갈 때 만들어져요. 엄청난 열과 전자기파를 내뿜어 우주에서 가장 밝고 에너지가 큰 천체 중 하나랍니다. 은하 전체에 있는 별의 에너지를 합친 것보다 많지요.

잠깐 상식! 은하는 모양에 따라서 크게 타원 은하, 나선 은하, 고리 은하, 불규칙 은하 등으로 나누어요.

우주에는 누가 살고 있을까요?

사람들은 오랫동안 우주의 다른 행성에도 생명체가 살고 있을지 궁금해했어요.

만약 외계 생명체가 살고 있다면 우리와 비슷한 모습일까요? 또 우리는 외계 생명체와 이야기를 주고받을 수 있을까요? 알고 싶은 것들이 많지만 아직 확실하게 답을 찾은 것은 없습니다. 꾸준히 연구하다 보면 언젠가 알게 되겠지요?

영화 「이티(E.T.)」에 등장하는 외계 생명체는 눈이 크고, 목과 손가락이 길어요. 지구인들이 상상하는 외계인의 모습이지요. 이 외계 생명체는 텔레파시*로 소통할 수도 있어요.

지구에서 보낸 신호

1974년, 지구에서 만든 강력한 전파 신호가 우주를 향하여 날아갔습니다. 미국의 아레시보 천문대에서 쏘아 올린 아레시보 메시지는 프랭크 드레이크, 칼 세이건을 포함한 여러 과학자들이 만들었어요. 이 메시지에는 우주와 물리학에 대해 사람들이 연구한 정보가 담겨 있습니다. 그리고 인간이 어떻게 생겼는지, 어떻게 살고 있는지도 소개하고 있답니다.

아레시보 천문대

잠깐 상식! 외계라는 말은 '지구 밖의 세계'라는 뜻이에요.

*텔레파시: 사람의 생각이 말과 몸짓 등의 표현 없이 다른 사람에게 전달되는 것.

외계 생명체를 찾고 있어요!

1960년, 천문학자인 프랭크 드레이크는 처음으로 과학적인 방법으로 외계 생명체를 찾으려고 시도했어요. 그는 가까운 우주에서 오는 전파 신호를 분석하여 어떤 메시지나 단서가 포함되어 있는지 알아보았어요. 이 연구를 '세티(SETI) 프로젝트'라고 하지요. 결국 성과를 거두지 못했지만 이 연구는 외계 생명체를 찾으려는 다른 과학자들에게 동기를 불어넣었어요. 1984년에 세워진 세티 연구소는 우주에 있는 생명체를 찾고, 관련된 연구를 하는 과학자들을 교육하고 있답니다.

프랭크 드레이크
1974년에 다른 과학자들과 함께 아레시보 메시지를 만들어 보냈어요.

외계 생명체는 어떻게 생겼을까요?

소설이나 영화에 등장하는 외계 생명체는 인간과 비슷하게 생겼어요. 팔과 다리가 두 개씩, 눈과 귀도 두 개. 그러나 실제 외계 생명체는 인간과 전혀 다를 거예요. 많은 우주 생물학자들은 외계 생명체가 박테리아나 바이러스같이 미생물처럼 생겼을 것이라고 예상해요.

칼 세이건

칼 세이건은 천문학자이면서 우주에 있는 생명체의 탄생과 변화 과정을 연구하는 우주 생물학자예요. 그는 지구 밖에서도 생명체가 살아가고 있다고 믿고 그 단서를 찾았어요. 또 미국 항공 우주국(NASA)의 자문 위원으로 활동하며 우주로 보내는 메시지를 황금 레코드에 담아 무인 우주 탐사선에 태워 보내기도 했답니다.

천문학자 인터뷰

지금도 세계 여러 나라에서는 엄청난 비용을 들여서 외계 생명체를 찾고 있어요. 일반인이 외계 생명체 찾기에 참여할 수도 있지요. 2015년, 러시아에서 외계 생명체를 찾기 위해 넓은 우주로 메시지를 보내는 '돌파구 듣기' 프로젝트를 추진했어요. 어떤 사람은 이 프로젝트에 우리 돈으로 천 억 원이 넘는 돈을 투자하기도 했답니다.
원래 나는 머나먼 우주의 은하를 연구하지만 외계 생명체를 찾는 천문학자를 돕기도 해요. 이 일은 아주 재미있어요. 무엇을 찾을 수 있을지 아무도 모르니까요.

찰칵! 우주 사진전
지구 밖에서 본 풍경

드넓은 우주에서 빛나는 은하는 정말 환상적이에요.
또 지구는 거대한 푸른 구슬처럼 보인답니다. 지구에서 망원경으로 바라보는 우주, 우주 정거장에서 내려다본 지구는 어떤 모습일까요?

세계 최대의 우주 실험실이라고 불리는 '국제 우주 정거장'이에요.

우주 왕복선 디스커버리호에서 촬영한 지구와 달이에요.

성단이 거대한 기체 구름을 비추고 있어요.

국제 우주 정거장에서 찍은 허리케인* 사진이에요. 푸른 태풍의 눈이 엄청난 구름에 둘러싸여 있어요.

*허리케인: 북대서양, 북동 태평양 등에서 발생하는 열대성 저기압.

미국 항공 우주국의 우주 탐사선이 찍은 M33 은하예요. 우리은하와 가장 가까운 이웃 은하 중 하나랍니다.

우주에서 바라본 지구예요! 어때요, 그림처럼 아름답지 않나요?

3 우주 탐사의 역사

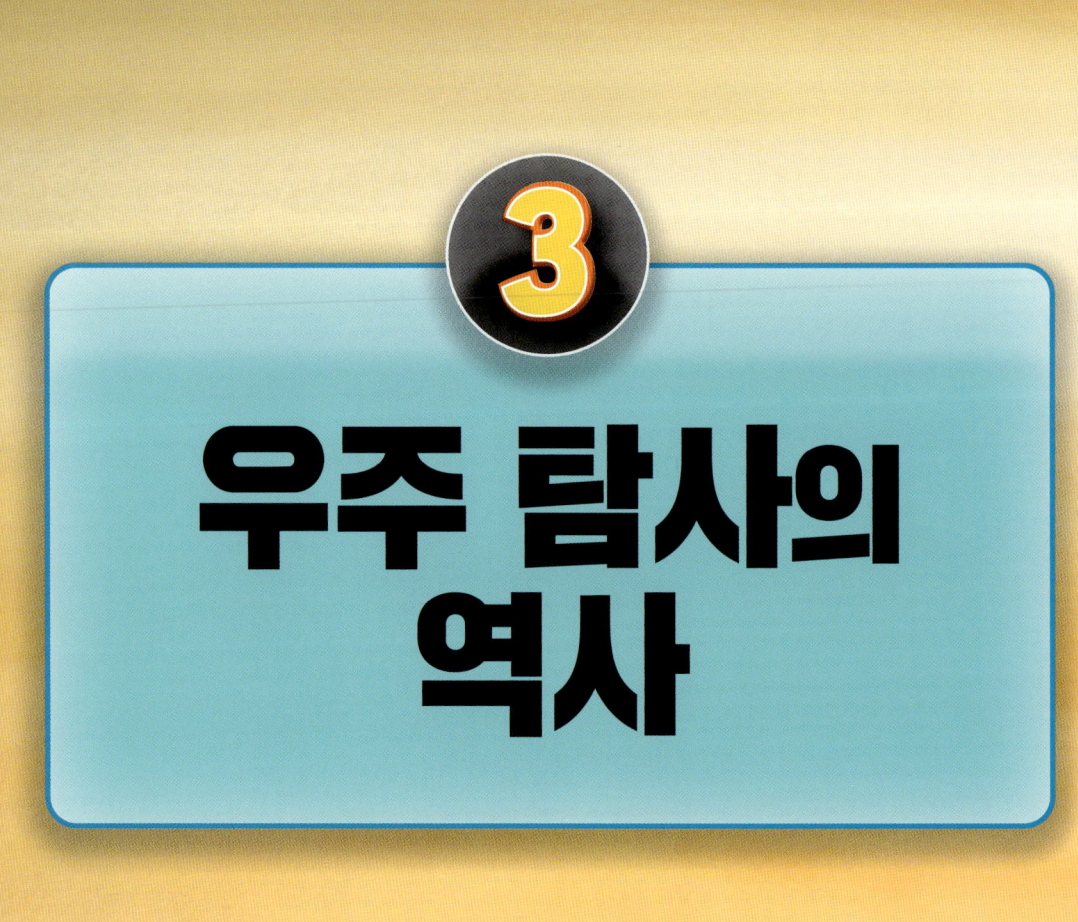

한 예술가가 화성의 모습을 상상하여 그렸어요. 행성 표면에는 로봇 탐사차가, 하늘에는 혜성이 보여요.

치열한 우주 탐사 경쟁

사람이 우주로 직접 날아갈 수 있게 된 것은 1950년대 이후였어요.

그 전까지 우주 탐사는 그저 꿈같은 일이었지요. 우주 연구에 열을 올리던 미국과 러시아는 세계에서 가장 먼저 우주와 달에 사람을 보내려고 경쟁했어요. 두 나라는 1950년대부터 1970년대까지 치열하게 '우주 경쟁'을 벌였답니다.

최초의 인공위성

달은 지구 주위를 도는 위성이에요. 인공위성은 사람들이 통신이나 기상 관측, 내비게이션 등 쓰임새에 맞게 활용하기 위하여 지구 주위를 돌도록 쏘아 올린 위성이지요. 세계 최초의 인공위성은 1957년 10월 4일에 러시아에서 발사한 스푸트니크 1호예요. 이때부터 미국과 러시아의 본격적인 우주 탐사 경쟁이 시작되었어요.

최초의 우주 비행사

러시아는 1957년에 '라이카'라는 이름의 개를 인공위성 스푸트니크 2호에 태워 보냈어요. 사람이 미지의 세계인 우주로 가는 것이 안전한가를 알아보기 위해서였지요. 그 후로도 개와 원숭이 같은 동물이 우주로 보내졌어요. 동물을 통해 알아낸 정보는 우주에서 생명체가 살 수 있다는 가능성을 확인해 주었어요.

스푸트니크 2호에 탄 라이카

달에 도착한 사람들

1959년, 러시아는 무인 우주선 루니크 2호를 달에 착륙시키는 데 성공했어요. 하지만 사람이 우주선을 타고 달에 도착해서 첫발을 내딛은 나라는 미국이었답니다. 1969년에 미국의 우주 비행사 닐 암스트롱이 최초로 달 위를 걷게 된 거예요. 닐 암스트롱은 이 일에 대하여 "한 사람에게는 작은 발걸음이지만 인류에게는 큰 도약입니다."라고 말했어요. 그 이후로도 모두 21명의 미국 우주 비행사들이 달에 도착했고, 그중에 12명이 달 위를 직접 걸었습니다.

우주 탐사에 관한 최초의 기록들

1957년 10월 4일
러시아에서 스푸트니크 1호 발사

1957년 11월 3일
라이카를 태운 스푸트니크 2호 발사

1958년 1월 31일
미국 최초의 인공위성 익스플로러 1호 발사

1961년 4월 12일
유리 가가린이 지구 궤도* 비행에 성공함.

1963년 6월 16일
최초의 여성 우주 비행사 발렌티나 테레시코바를 태운 보스토크 6호 발사

잠깐 상식! 닐 암스트롱은 지구를 떠난 지 3일 만에 달에 도착했어요.

*궤도: 행성, 혜성, 인공위성 따위가 중력의 영향을 받아 다른 천체의 둘레를 돌면서 그리는 곡선의 길.

버즈 올드린
닐 암스트롱

우주로 간 사람들

우주 비행에 성공한 첫 번째 우주 비행사는 러시아의 유리 가가린이에요. 그는 1961년에 보스토크 1호를 타고 지구 궤도를 돌고 무사히 돌아왔어요. 같은 해 미국의 앨런 셰퍼드는 프리덤 7호를 타고 준궤도*를 비행하며 미국 최초로 우주를 여행했고, 존 허셜 글렌은 프렌드십 7호를 타고 미국 최초로 지구 궤도를 비행했어요.

*준궤도: 지구 궤도에 다다르기 전 50~100킬로미터 높이의 하늘. 지구 궤도는 종류에 따라 160~3600킬로미터에 이른다.

프렌드십 7호에 타는 존 허셜 글렌

1986년에 우주로 떠난 챌린저호는 발사된 지 2분여 만에 폭발했어요. 7명의 승무원은 모두 목숨을 잃었지요.

우주 비행사들의 죽음

많은 우주 비행사들은 우주 탐사를 떠났다가 목숨을 잃었습니다. 1960년, 러시아에서 우주선 시험 발사 도중에 우주선이 폭발하면서 그곳에 있던 100여 명이 죽고 말았어요. '네델린 참사'라고 불리는 이 사고는 우주 개발 역사상 최악의 사건이었지요.
1967년에는 지구로 돌아오던 소유즈 1호에서 낙하산이 펴지지 않아서 우주선에 타고 있던 블라디미르 코마로프가 죽고 말았어요. 같은 해에 미국의 거스 그리섬, 로저 차피, 에드워드 화이트도 우주선 발사 훈련 도중 화재 사고를 당했지요. 2003년에는 컬럼비아호를 타고 2주간의 임무를 마친 7명의 우주 비행사들이 지구로 돌아오다가 우주선이 폭발해 목숨을 잃었어요.

보스토크 1호에 탄 유리 가가린

1969년 7월 20일 사람이 최초로 달 착륙

1971년 4월 19일 최초의 우주 정거장 살류트 1호 발사

1971년 11월 13일 매리너 9호가 최초로 화성의 궤도에 진입함.

1972년 7월 15일 파이어니어 10호가 최초로 화성과 목성 사이의 소행성대로 들어가 목성을 관찰함.

1975년 7월 15일 미국과 러시아가 손을 잡고 '아폴로-소유즈 시험 계획' 추진

우주 탐사를 위한 끝없는 노력

우주를 탐험하는 공상 과학 영화를 본 적 있나요?

영화에서는 우주 비행사들이 지구를 가볍게 벗어나 순식간에 수십억 킬로미터 너머로 도착하기도 하고, 우주 비행사들이 우주선 밖으로 나오는 일도 흔하지요. 영화처럼 자유롭게 우주를 여행할 수 있다면 정말 좋겠지만, 우주선을 타고 은하를 탐험하려면 아직 많은 연구가 필요하답니다.

우주로 날아간 로봇과 인공위성

우주에 대해서 더 많은 것을 알고 싶지만 사람이 직접 우주 왕복선을 타고 날아갈 수 없다면 어떻게 해야 할까요? 바로 로봇 탐사선을 이용합니다. 로봇 탐사선은 가는 데에만 수개월 혹은 수년이 걸리는 먼 우주로 날아가 우주 탐사에 필요한 실험을 해요. 반면, 인공위성은 지구 주변을 돌면서 날씨와 기후, 길 등의 자료를 보내 주어 인류가 지구를 연구할 수 있도록 도와줍니다.

미래의 우주선은 태양 에너지를 이용하여 초속 90킬로미터로 비행할 수 있을 거예요.

다시 달을 향하여

1972년에 달에 도착한 아폴로 17호를 끝으로 지금까지 달 위를 밟은 사람은 없습니다. 그런데 1990년대 이후 여러 나라에서 다시 달을 탐사하려는 노력이 꾸준히 이어졌어요. 그중 중국은 창어 4호와 5호를 달에 착륙시키며 아시아 최초로 달 착륙에 성공한 나라가 되었지요. 미국도 여성 우주 비행사가 참여하는 달 탐사 계획을 발표했답니다. 언젠가 우주여행이 쉬워진다면 사람들이 달에 가서 일을 하게 될 수도 있을까요?

미국 항공 우주국의 아폴로 탐사 계획에서 달 위를 다니던 교통수단은 '월면차'라고 해요.

잠깐 상식! 보이저 1호는 지구로 신호를 보내는 데에 17시간이 걸릴 정도로 멀리 있어요.

우주 정거장

과학자들은 우주에서 일어나는 일과 사람이 우주에서 살아갈 수 있을지 알아보기 위해 우주 정거장에서 수개월 동안 머무르며 여러 가지 실험을 해요. 16개 나라에서 참여하여 만든 국제 우주 정거장은 가장 유명한 우주 정거장이에요. 1998년에 처음 지어져 지금까지 계속 확장해 나가고 있지요.

국제 우주 정거장

우주여행이 가능하다고요?

일반인도 우주여행을 떠날 수 있어요. 물론 수억 원이나 되는 아주 비싼 비용을 지불하고, 우주선 탑승 훈련을 받아야 하지요. 2021년 7월, 영국의 리처드 브랜슨은 일반인의 우주여행을 위해 개발된 우주선으로 첫 우주여행에 성공했답니다.

우주에서 문을 여는 호텔은 어떤 모습일까요?

미국 항공 우주국의 실험실에서 큐리오시티*가 시험 운전을 하고 있어요.

화성에 살아 있는 생명체가 있다고요?

2011년에 지구를 떠나 약 1년 만에 화성에 도착한 큐리오시티는 화성에서 생명의 흔적과 물을 찾고 있어요. 또 화성의 흙과 바위를 연구하기도 하지요. 큐리오시티는 한때 화성에서 세균이 살 수 있는 환경이었다는 사실을 알아냈어요.

*큐리오시티: 미국 항공 우주국의 화성 탐사 및 과학 실험에 쓰이는 탐사차.

우주에서는 어떻게 생활할까요?

지구 바깥에서 살아가는 삶은 어떨까요?
아마도 아름다운 지구와 광활한 우주를 마음껏 감상할 수 있겠죠? 하지만 우주에서 살아가기란 지구에서 살아가는 방식과 많이 달라요. 필요한 것들을 잘 준비해야 안전하게 지낼 수 있답니다.

위험천만 우주여행
우주여행은 그리 만만한 일이 아니에요. 곳곳에 위험이 도사리고 있답니다. 하지만 1960년대부터 지금까지 사고 확률은 점점 줄어들고 있지요.
그래도 여전히 우주선을 쏘아 올리는 일은 어렵고 힘들어요. 초기의 우주선은 지구의 대기권을 빠져나가기 위해 추진 로켓을 사용했어요. 우주선이 나아가는 과정에서 각각 다른 부분이 작동되고, 기능을 다한 부분은 떨어져 나갔지요. 지구로 돌아올 때에는 마찰로 인한 뜨거운 열이 발생하기 때문에 우주선의 몸체를 최소한으로 줄여야 한답니다.

우주 왕복선과 우주 정거장
미국은 1981년에 최초로 재사용이 가능한 우주 왕복선, 컬럼비아호를 발사했어요. 여기에는 우주 비행사들이 생활하는 공간과 인공위성이나 인공위성 수리 장비를 실을 수 있는 공간이 있었어요.
한편, 최초로 우주 정거장을 발사한 나라는 러시아였습니다. 1971년부터 1986년 사이 여러 차례 우주로 보냈고, 미국은 1973년에 처음 발사했어요. 지금까지 16개의 나라가 참여하여 만든 국제 우주 정거장은 1998년에 처음 우주로 날아갔어요. 국제 우주 정거장을 방문하는 우주 비행사와 과학자들은 짧게는 몇 주, 길게는 몇 달씩 머문답니다.

잠깐 상식! 중국은 2011년에 최초로 실험용 우주 정거장을 발사했어요.

우주복의 헬멧에는 우주 비행사들이 코를 긁을 수 있는 벨크로가 숨겨져 있어요!

규칙적으로 운동을 해요.

중력이 없는 우주에서 오랜 시간을 보내면 뼈와 근육이 약해져요. 그래서 우주 비행사들은 특수한 운동 기구를 사용하여 규칙적으로 운동을 해요. 지구에 돌아온 뒤에도 중력에 적응하는 시간이 필요하답니다. 그렇다고 우주에서의 생활이 몸에 나쁘기만 한 것은 아니에요. 국제 우주 정거장에서 생활한 우주 비행사 중에는 멀리 보는 시력이 좋아졌다고 보고한 경우가 많았거든요.

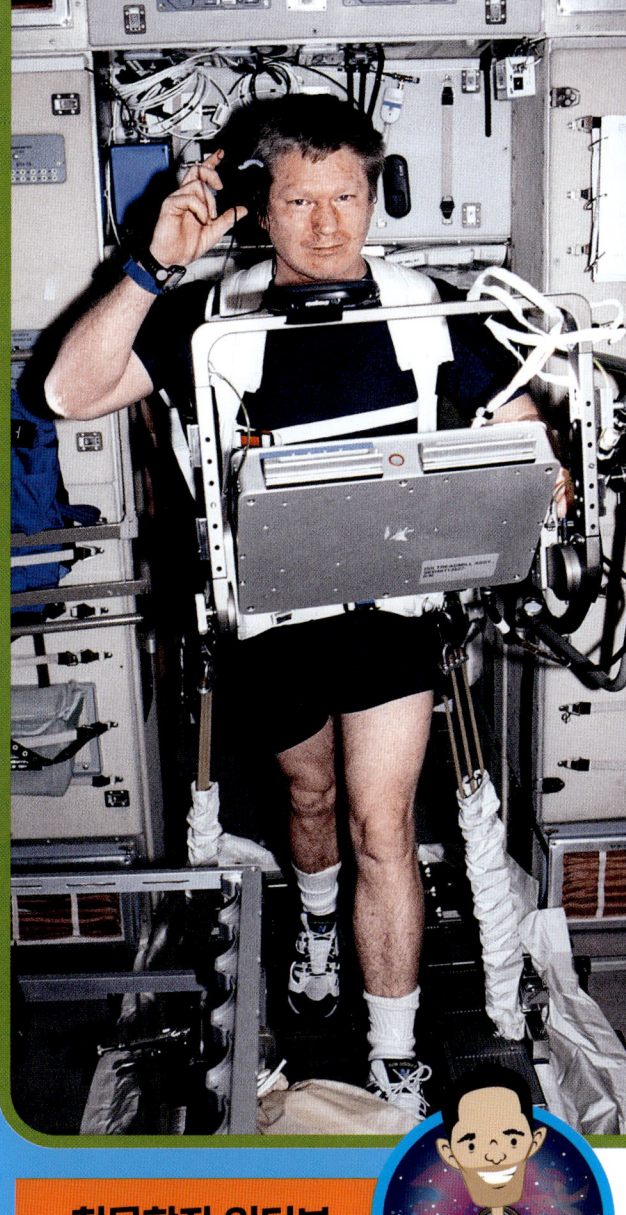

대충대충 씻어요!

우주 비행사들은 몸을 깨끗하게 씻기 어려워요. 좁은 공간에서 아주 적은 물로 씻어야 하니까요. 그래서 스펀지에 물을 적셔 몸을 닦아 내거나 간단하게 샤워를 해요. 몸을 씻고 난 물은 진공 흡입기로 빨아들이지요. 아참! 우주 정거장에는 우주 비행사들의 배설물을 빨아들이는 특수 화장실도 있어요. 우주 비행사들이 우주선 밖으로 나갈 땐 어떻게 대소변을 보냐고요? 바로 특수한 기저귀를 찬답니다.

우주에서도 아이스크림을 먹는다고요?

우주에서 공중에 둥둥 떠다니는 냄비와 조리 도구를 붙잡아 요리를 하는 건 어려워요. 그래서 우주 비행사들은 주로 음식이 상하지 않도록 바짝 말린 음식에 물을 부어서 먹지요. 음식을 먹다가 흘리면 큰일 나요. 부스러기나 국물이 아주 정교하고 예민한 우주선 장비를 망가뜨릴 수 있기 때문이에요. 그래서 우주 비행사는 밀폐된 봉지에 빨대를 꽂아 국물을 빨아먹어요. 음식을 남기면 절대로 안 되지요.

우주에서 먹는 아이스크림

천문학자 인터뷰

우주에서 생활하는 일은 영화나 만화에서 봤던 것보다 훨씬 어려워 보이죠? 이것이 다가 아니랍니다. 우리가 머나먼 우주까지 가려면 무척 오랜 시간이 걸린다는 사실! 보통 우주 비행사가 지구를 벗어날 때에는 초속 11킬로미터로 날아갑니다. 그 속도로 달까지 간다면 약 10시간이 걸리고, 태양까지 가려면 5개월 후에 도착할 수 있지요. 해왕성까지는 13년이나 비행해야 하고요. 우리은하의 반대쪽 끝까지 가려면 무려 20억 년이 걸린답니다.

우주 탐사의 멋진 영웅들

수많은 과학자와 우주 비행사들은 우주를 연구하는 일에 일생을 보냈어요.
우주에 무엇이 있는지 알아보고, 지구의 중력을 벗어나 우주를 탐사하는 방법을 찾아 오랜 시간 연구했지요. 심지어 목숨을 바치기도 했답니다. 우주 과학 기술이 오늘날에 이르게 한 멋진 영웅들을 만나 볼까요?

발렌티나 테레시코바(1937년~)
러시아의 공학자, 우주 비행사
공장 노동자였다가 러시아의 우주 프로그램에 참여하여 우주로 나간 최초의 여성이에요. 1963년 6월 16일, 보스토크 6호를 타고 우주로 날아가 3일 동안 지구 궤도를 돌고 무사히 돌아왔어요.

마에 제미슨(1956년~)
미국의 의사, 공학자, 우주 비행사
열여섯 살에 스탠포드 대학에서 화학 공학을 전공하고 다시 의학을 공부하여 의사가 되었어요. 제미슨은 어릴 때부터 우주 비행사를 꿈꾸었어요. 그리고 1992년에 마침내 우주 왕복선 인데버호를 타고 8일 동안 지구 궤도를 여행했지요. 무중력 환경과 싸우며 여러 가지 실험을 수행하였답니다.

발레리 폴리야코프(1942년~)
러시아의 의사, 우주 비행사
1994년부터 1995년까지 무려 437일 동안 러시아의 우주 정거장 미르에 머물며 의학과 관계있는 여러 가지 연구를 했어요. 사람이 우주에서 생활하는 법을 잘 이해하기 위해서였죠. 발레리 폴리야코프는 우주에서 1년 넘게 머문 최초의 사람으로, 우주를 여행한 거리는 약 2억 9천 9백만 킬로미터였어요. 지구를 7075바퀴나 도는 거리였어요.

잠깐 상식! 미국의 우주 비행사 앨런 셰퍼드는 1971년에 달에서 골프를 쳤어요.

존 허셜 글렌(1921~2016년)
미국의 조종사, 공학자, 우주 비행사

1961년에 지구 궤도를 돈 최초의 미국인이에요. 제2차 세계 대전 때 전투기 조종사였다가 미국 항공 우주국에 들어가 우주 비행사가 되었지요. 존 허셜 글렌이 지구에 돌아왔을 때에는 대규모 환영 행진을 했답니다.

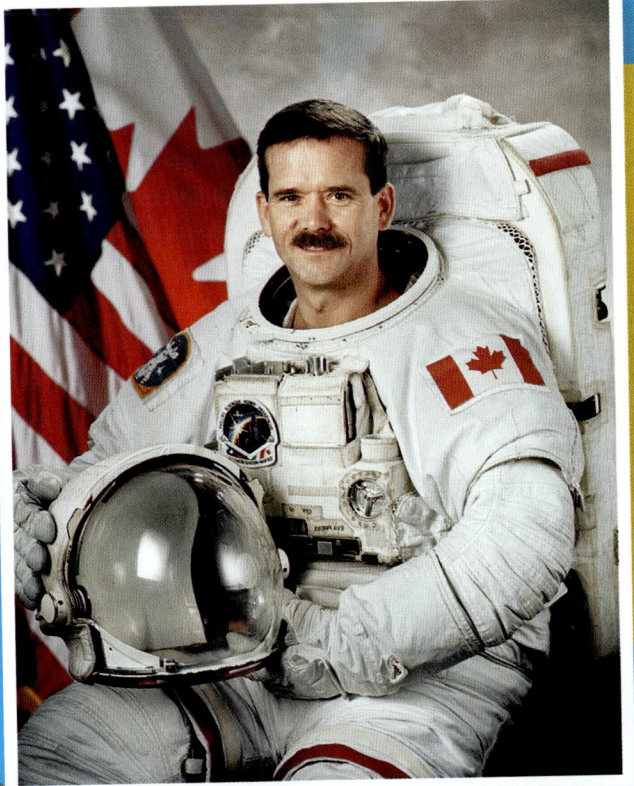

크리스 해드필드 (1959년~)
캐나다의 조종사, 공학자, 우주 비행사

2013년 국제 우주 정거장에서 임무를 수행하면서 기타를 연주하며 노래를 부르는 영상이 소개되어 유명해졌어요. 해드필드는 세 차례의 우주 비행을 했고, 캐나다인으로는 최초로 우주 왕복선 밖으로 나갔어요.

류양(1978년~)
중국의 조종사, 우주 비행사

2012년에 선저우 9호를 타고 우주 비행에 성공한 중국 최초 여성 우주 비행사예요. 류양은 세계 최초의 여성 우주 비행사 발렌티나 테레시코바의 우주 비행이 있은 지 49년 만에 중국의 우주 정거장인 톈궁 1호에 도착했답니다.

과거 vs 현재 우주에 대한 이해

옛날 사람들은 하늘을 연구했어요.
하지만 지금처럼 성능 좋은 망원경이 없었기 때문에 엉터리 정보를 믿기도 했어요.
옛날 사람들의 우주에 대한 잘못된 생각과 오늘날 밝혀진 우주에 대한 사실을 비교해 볼까요?

지구 주변을 도는 것은 무엇일까요?

과거 과거의 천문학자들은 지구가 우주의 중심이라고 생각해서 태양과 별, 달 같은 우주의 천체가 지구 주위를 돈다고 믿었어요.

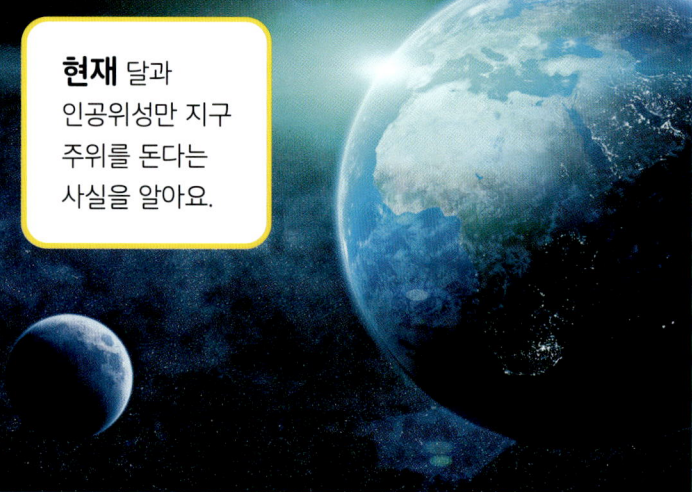

현재 달과 인공위성만 지구 주위를 돈다는 사실을 알아요.

원을 그리며 돈다고요?

과거 행성과 달이 완벽한 원을 그리며 돈다고 생각했어요.

현재 천체가 도는 궤도가 길쭉하게 둥근 타원 모양이라는 것을 밝혀냈어요.

외계 생명체가 산다고요?

과거 우주 어딘가에 외계 생명체가 있다고 믿었어요.

현재 외계 생명체가 있을 가능성이 높다고 생각하지만 아직 흔적을 찾지 못했어요.

태양과 별은 어떤 관계일까요?

과거 태양과 별은 아무런 상관이 없다고 생각했지요.

현재 태양이 수많은 별들 중 하나라는 걸 알아요.

별의 움직임으로 미래를 내다봐요!

현재 만약 별의 움직임으로 미래를 내다볼 수 있다는 기사를 본다면 무시하세요. 천체와 우리의 운명은 아무 상관이 없으니까요.

과거 예언가들은 별의 움직임을 보고 앞으로의 일이나 사람의 운명을 점쳤어요.

4 재미있는 우주 정보

중국인 관광객이 모스크바에 있는 유리 가가린 우주 비행사 훈련 센터에서 무중력 비행 훈련을 받고 있어요. 이 훈련으로 우주 정거장에 떠 있는 것과 같은 경험을 할 수 있어요.

나와 어울리는 우주 분야 직업

이제 우주에 대한 많은 사실을 알게 되었죠?

그런데 잠깐! 여러분에게는 우주에 관한 여러 가지 직업 중 어떤 것이 가장 어울릴까요?
아래의 문제를 풀어서 찾아보세요!

1 주말에 가장 하고 싶은 일은 무엇인가요?
- A. 머리를 많이 쓰는 게임
- B. 컴퓨터 게임
- C. 축구, 하키 같은 팀 운동
- D. 친구들과 같이 레이저 총 쏘기 게임
- E. 독서, 영화 감상, 또는 글쓰기

2 나만의 기분 전환 방법은 무엇인가요?
- A. 문제를 해결한다.
- B. 블록을 조립하거나 자전거를 탄다.
- C. 친구와 함께 신나게 논다.
- D. 달린다.
- E. 일기나 편지를 쓴다.

3 내가 가장 좋아하는 분야는 무엇인가요?
- A. 과학 그림책 보기
- B. 그림 그리기, 꾸미기
- C. 수와 도형, 규칙 찾기
- D. 운동하기
- E. 그림책 보기, 글쓰기

4 방학 때 하고 싶은 일은 무엇인가요?
- A. 항공 우주 박물관 방문하기
- B. 로봇 만들기
- C. 내가 고른 장소로 여행하기
- D. 놀이공원에서 롤러코스터 타기
- E. 하루 종일 텔레비전 보기

5 '나'를 가장 잘 설명해 주는 표현은 무엇인가요?
- A. 똑똑한 사람
- B. 문제 해결사
- C. 남을 잘 도와주는 사람
- D. 모험가
- E. 꿈꾸는 사람

6 하루 종일 내 마음대로 보낼 수 있다면 뭘 하고 싶나요?
- A. 도서관에서 책 보기
- B. 부모님과 우주 정거장 모형 만들기
- C. 우주 탐구 계획 세우기
- D. 우주 탐험에 대한 그림책 보기
- E. 친구와 얘기를 나누고, 그 이야기로 글쓰기

나에게 딱 맞는 우주 분야 직업은 무엇일까요?

A를 가장 많이 선택했다면…
훌륭한 **천문학자**가 어울리겠네요. 냉철한 마음과 풍부한 호기심을 갖고 있으니까요. 천문학자가 된다면 무한한 기회를 얻을 수 있답니다. 우주는 알아내야 할 것투성이인 미지의 세계니까요.

B를 가장 많이 선택했다면…
항공 우주 공학자가 되는 건 어때요? 기계를 잘 다룰 테니까요. 항공 우주 공학자는 우주선 같은 복잡한 장비를 설계하고 만드는 일을 합니다. 우주 관제 센터에서 우주선 탐사 과정을 매끄럽게 진행하는 것도 어울리겠군요.

C를 가장 많이 선택했다면…
우주 임무 책임자가 될 수 있습니다. 팀을 이끌고, 우주 탐사에 관한 모든 과정을 관리할 수도 있겠네요. 책임자가 된다는 것은 힘들지만 아주 보람 있는 일이지요.

D를 가장 많이 선택했다면…
훌륭한 **우주 비행사**에 도전해 볼까요? 여행이나 사람들과 함께 일하는 것을 좋아할 테니까요. 위험을 무릅쓰고 모험을 떠날 준비도 되어 있지요. 넓은 우주로 떠난 내 모습, 근사하지 않나요?

E를 가장 많이 선택했다면…
우주 소식을 전하는 **기자**가 되는 것이 좋겠습니다. 우주 담당 기자는 로켓 발사장, 비행사 훈련 센터 등을 방문하여 기사를 작성하기 때문에 우주에 관한 지식이 많아야 한답니다.

항공 우주 공학자

우주 관제 센터

천문학자

우주 비행사

잠깐 상식! 소행성을 발견한 사람 중에는 아마추어 천문학자도 있어요.

별을 관찰해 보아요

밤하늘의 별을 보기 위해 꼭 천문학자가 될 필요는 없어요.
우리도 마당이나 건물 옥상에서 반짝이는 별들이 수놓은 멋진 풍경을 볼 수 있으니까요.
사방이 어두운 산이나 시골 어딘가에서라면 반짝반짝 빛나는 별이 더 잘 보인답니다.

오로라

오로라는 어떻게 생길까요?
오로라는 알래스카, 북유럽 같은 지구의 북쪽 끝에서 주로 보여요. 거대한 빛의 물결이 일렁이는 모습이 입을 떡 벌어지게 하지요. 오로라는 태양에서 온 전기를 띤 입자들이 북극 근처 자기장에 닿아 색색의 빛을 만들어 낸 것이에요. 남극 주변에서도 비슷한 현상이 일어나요.

국제 우주 정거장

하늘에서 빛나는 것은 모두 별일까요?
인공위성이나 우주 정거장도 밤하늘에 빛나는 별처럼 반짝거려요. 그중에 국제 우주 정거장은 해뜨기 직전이나 해가 진 직후에 천천히 움직이는 점처럼 관측되지요. 반짝이는 점이 떠올라 사라지기까지 약 10분 정도 걸린답니다.

잠깐 상식! 우리은하는 빛이 한쪽 끝에서 다른 쪽 끝까지 가로지르는 데 10만 년이나 걸릴 만큼 거대해요.

금성

밝게 빛나는 샛별, 금성

해가 진 직후 밤하늘을 관찰했을 때 가장 빛나는 별은 금성이에요. 해가 뜨기 직전에도 아주 밝게 보인답니다. 새벽에 보이는 금성은 선명하고 밝게 빛나서 '샛별'이라고도 불리지요.

별의 지도를 볼까요?

별의 위치나 분포를 지도처럼 나타낸 '성도'는 구입하거나 앱을 다운받아서 이용할 수 있어요. 성도로 별을 관찰하는 방법을 알아볼까요?

 구름이 거의 없는 맑은 밤하늘을 관찰하는 게 좋아요.

 정확한 성도를 구하세요. 성도는 별의 움직임에 따라서 매달 바뀌기도 해요.

 보이는 하늘이 어디인지 성도에서 찾아 그중 가장 밝은 별자리를 골라요.

 성도에서 본 별자리를 밤하늘에서 찾아봅니다. 그다음 다른 별자리를 비교해 보며 관찰해요.

우리나라에서는 해마다 중·고등학생이 참여하는 전국 학생 천체 관측 대회가 열려요. 도시에서는 보기 어려운 별들이 하늘을 수놓은 모습은 얼마나 아름다울까요?

무슨 별자리일까요?

밝게 빛나는 별을 중심으로 특정 모양을 이루는 것에 동물, 물건, 신화에 나오는 인물의 이름을 붙인 것을 '별자리'라고 해요. 왼쪽의 설명을 보고, 관계있는 별자리의 사진을 오른쪽에서 골라 보세요.

A 헤라클레스자리

1 별자리 모양이 개를 닮았어요. 밤하늘에서 가장 밝은 별인 시리우스를 볼 수 있답니다.

B 카시오페이아자리

2 라틴어로 '용'이라는 뜻인 '드라코(Draco)' 별자리로 불리기도 해요. 용의 꼬리는 북두칠성과 북극성 사이에 있어요.

C 큰곰자리

3 이 별자리는 신화의 엄청나게 강한 영웅 이름을 딴 것이에요. 팔과 다리의 튼튼한 근육이 느껴지나요?

D 큰개자리

4 북반구에서 볼 수 있는 아주 유명한 별자리예요. 꼬리 쪽에는 북두칠성이 밝게 빛난답니다.

5 알파벳 M 또는 W 모양을 닮았어요. 자기가 바다의 요정보다 더 아름답다고 뽐내던 왕비의 이름에서 따왔어요.

E 용자리

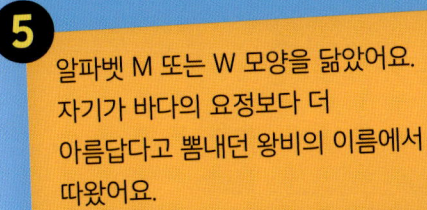

우주를 둘러싼 사실과 거짓

우주에 관한 모든 것을 알게 되었다면 이제 실력을 확인해 볼까요?
아래에서 어느 것이 사실이고, 어느 것이 거짓인지 알아맞혀 보세요.

A 태양은 스스로 빛을 내는 별이다.

B 소행성대에는 우주에서 떠다니는 암석들이 빽빽해서 우주선이 지날 수 없다.

C 우리는 드넓은 우주를 절반도 탐험하지 못했다.

D 우주선 밖으로 나간 우주 비행사는 기저귀를 찬다.

E 인공위성은 달을 탐사하기 위해 만들어진 로봇 탐사선이다.

A. 사실
태양은 스스로 빛을 내는 별 중 지구에서 가장 가까이에 있어요. 엄청난 에너지를 내뿜으며, 표면에서 쌀알 무늬의 점이 보이기도 하지요.

잠깐 상식! 중력의 차이 때문에 얼굴은 발끝보다 아주 조금 더 빨리 나이 들어요.

C. 사실

우주는 우리가 상상할 수 없을 만큼 넓어요. 게다가 지금도 계속 커지고 있지요. 우주의 95퍼센트는 우리가 눈으로 확인하지 못한 암흑 물질과 암흑 에너지로 이루어져 있답니다.

D. 사실

우주 비행사들은 우주선 밖으로 나갈 때 반드시 우주 기저귀를 차야 해요. 우주선이 발사되거나 착륙할 때도 마찬가지지요. 한편, 우주선 안에서는 특수 화장실을 사용합니다.

B. 거짓

우주는 매우 넓어서 소행성대를 탐험하는 우주선이 유성체와 충돌할 가능성은 매우 낮답니다.

E. 거짓

인공위성은 지구 주변을 돌면서 날씨와 기후, 지리 정보 등을 보내 주어요. 그래서 사람들의 생활이 편리해지고, 과학자들이 지구를 연구하도록 돕지요. 한편, 달을 탐사하는 교통수단은 '월면차'라고 한답니다.

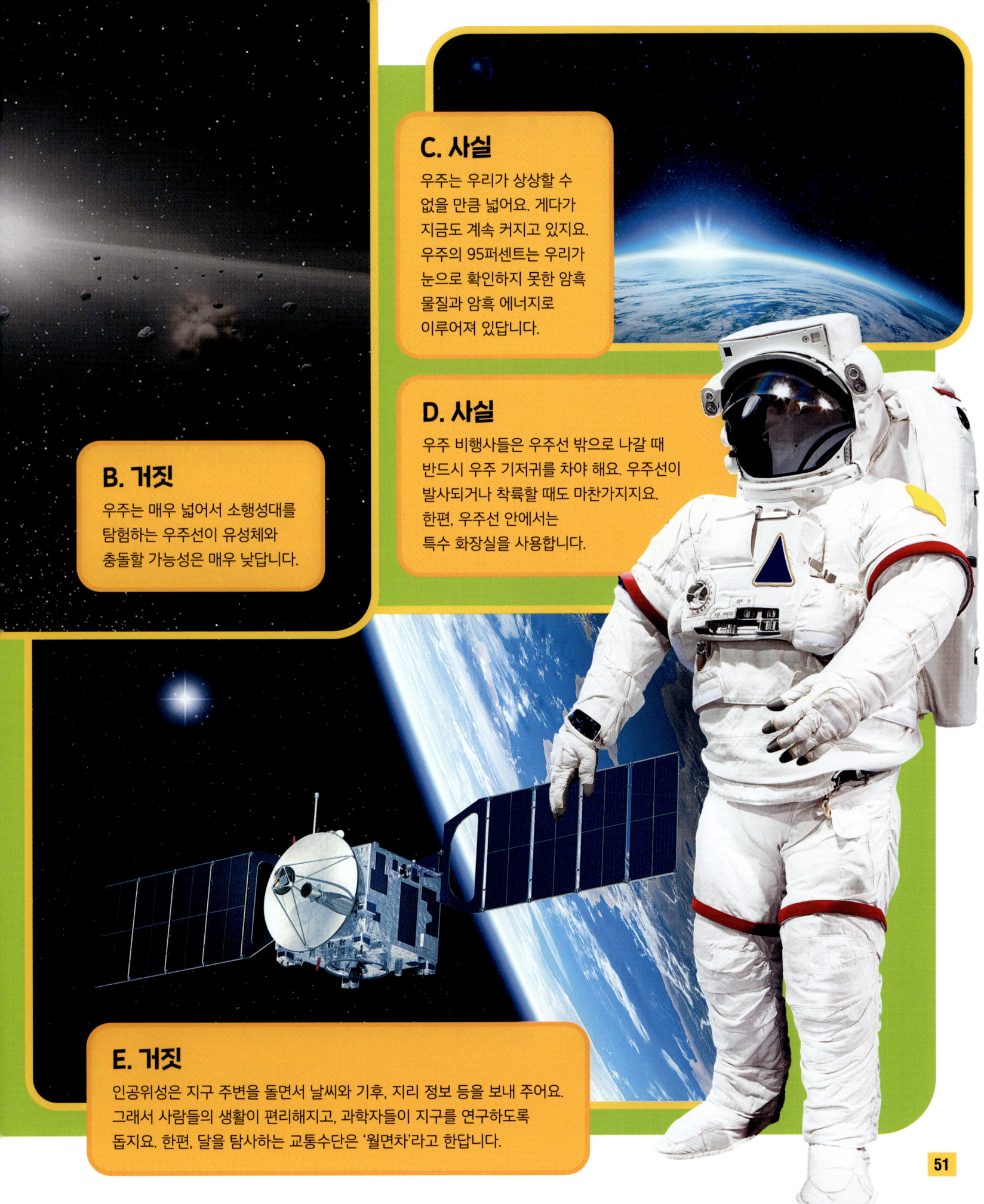

상상이 현실이 되었어요!

우주는 끝없는 상상의 공간이에요.
그래서인지 우주나 우주 탐사 이야기는 공상 과학 영화나 소설에 자주 등장하지요.
그런데 오래전 영화나 소설에 나왔던 상상의 기술이 현실이 되었다는 사실, 알고 있나요?

아래 발명품들은 공상 과학 영화에서 등장한 기술의 영향을 받았어요. 아래의 기술과 관계있는 설명을 A~E 중에서 골라 짝을 지어 보세요.

1. 휴대 전화
2. 쌍둥이 이온 엔진*
3. 비행 자동차
4. 초강력 빛
5. 인공 지능 가상 비서

*이온 엔진: 전기를 띤 물질로 추진력을 얻는 엔진. 오늘날에는 핵융합 에너지를 이용하는 이온 엔진을 우주 왕복선 엔진으로 사용하는 방법을 연구하고 있다.

A

젯슨의 하늘을 나는 차

「우주 가족 젯슨*」에서 젯슨 가족이 타고 나오는 하늘을 나는 자동차는 실제로 하늘을 나는 자동차가 나올 수 있도록 영향을 주었어요.

*「우주 가족 젯슨」: 1960년대에 미국에서 방영된 공상 과학 만화. 우주의 자동화된 주택에 사는 젯슨 가족의 이야기를 담았다.

B

목소리로 작동하는 컴퓨터

「스타트렉: 더 넥스트 제너레이션」에 나오는 피카드 선장은 컴퓨터에 대고 "얼 그레이 홍차, 뜨겁게!"라고 말해요. 우주선에 있는 컴퓨터는 사람의 질문에 답하기도 하고, 복잡한 임무를 수행하지요. 목소리로 작동하는 개인 비서는 이제 휴대 전화에서도 만날 수 있습니다. 사용자의 질문에 답하거나 지도에서 경로를 알려 주기도 해요.

잠깐 상식! 영화 「스타트렉」 시리즈에서 나온 동시 통역기는 이제 현실이 되었어요.

스타트렉 통신기

1960년대에 방영된 미국 텔레비전 드라마 『스타트렉』에서는 어디든 가지고 다니면서 통화할 수 있는 작은 통신 기계가 나왔어요.

C

D

광선 검

네덜란드의 한 공학자가 발명한 광선 검은 너무나 강력해서 사람의 피부를 태울 수 있을 정도예요!

E

쌍둥이 이온 엔진 전투기

영화 『스타워즈』에 나오는 전투기는 지금까지 사용한 적이 없는 강력한 엔진으로 작동해요. 바로 쌍둥이 이온 엔진인데 실제로 이와 비슷한 기술이 오늘날 우주 탐사선에 사용되고 있답니다.

진짜 현실 같은 영화 속 이야기

어떤 소설이나 영화 속 모습은 마치 진짜로 일어나고 있을 것처럼 생생해요. 하지만 말 그대로 상상일 뿐이지요. 가상과 현실을 한번 비교해 볼까요?

가상 영화 『스타워즈』에서 루크 스카이워커의 고향인 타투인 행성에는 두 개의 태양이 떠요.

현실 실제로 두 개의 별 주위를 도는 행성이 있어요.

가상 동화 『찰리와 거대한 유리 엘리베이터』에서 찰리와 그의 가족들은 우주로 날아가 우주 호텔에서 머물러요.

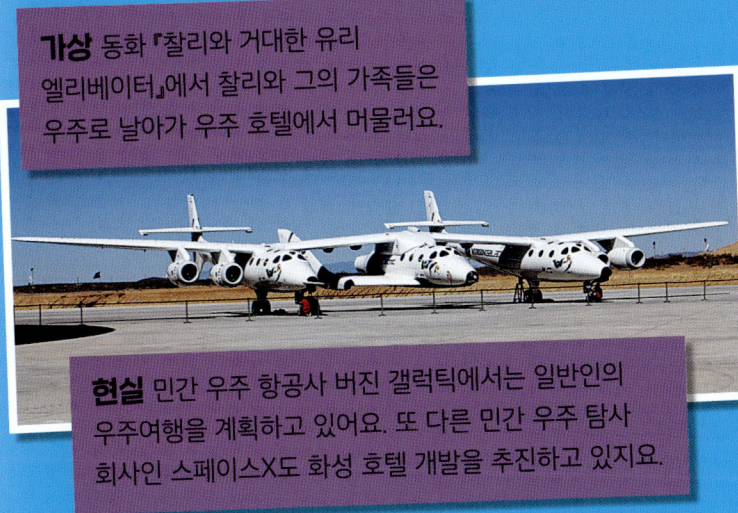

현실 민간 우주 항공사 버진 갤럭틱에서는 일반인의 우주여행을 계획하고 있어요. 또 다른 민간 우주 탐사 회사인 스페이스X도 화성 호텔 개발을 추진하고 있지요.

가상 멀리 있는 물체를 끌어당기는 견인 광선은 1931년에 나온 소설 『IPC의 스페이스 하운드』에서 처음 소개되었어요. 이어서 영화 『스타트렉』, 『스타워즈』, 『트랜스포머』 등에도 나왔답니다.

현실 미국 항공 우주국에서는 레이저를 이용한 세 종류의 견인 광선을 개발하고 있어요.

천문학자가 들려주는 뒷이야기

우리는 외계 생명체를 만날 수 있을까요?

그럴 수도 있고, 아닐 수도 있어요. 천문학은 과학의 영역이에요. 수학을 이용하여 우주에 대한 사실을 증명하지요. 우주에 관한 사실을 증명하기 위하여 쓰이는 숫자들은 우리가 상상할 수 없을 만큼 크답니다. 수십억, 수조 이상이 되기도 하지요.

생각해 보세요! 우주에 있는 별과 별 사이를 가로지르려면 엄청난 시간이 걸려요. 많은 사람들은 시간이 지나 기술이 발달하면 더 나은 우주선으로 빠르게 먼 우주까지 갈 수 있을 거라고 생각할 거예요. 하지만 그렇다고 하더라도 우리은하에 있는 별을 모두 방문하려면 약 1억 년이 걸린답니다.

우리은하에는 4000억 개의 별이 있습니다. 그 중에서 적어도 한 곳에는 인간처럼 스스로 생각하고 탐구할 수 있는 외계 생명체가 살고 있을지도 몰라요. 그렇다면 왜 우리는 아직 외계 생명체를 확인하지 못했을까요? 우주에는 정말 외계 생명체가 살고 있을까요? 답이 무엇이든 지금까지 우리가 눈으로 본 미확인 비행 물체(UFO)는 모두 가짜거나 자연 현상으로 인한 것이라 짐작되어요. 외계 생명체가 지구를 찾아왔다는 증거는 아직 찾지 못했죠. 그렇다면 외계 생명체는 어디에 있을까요? 여러분의 생각은 어때요? 외계 생명체가 실제로 존재할까요?

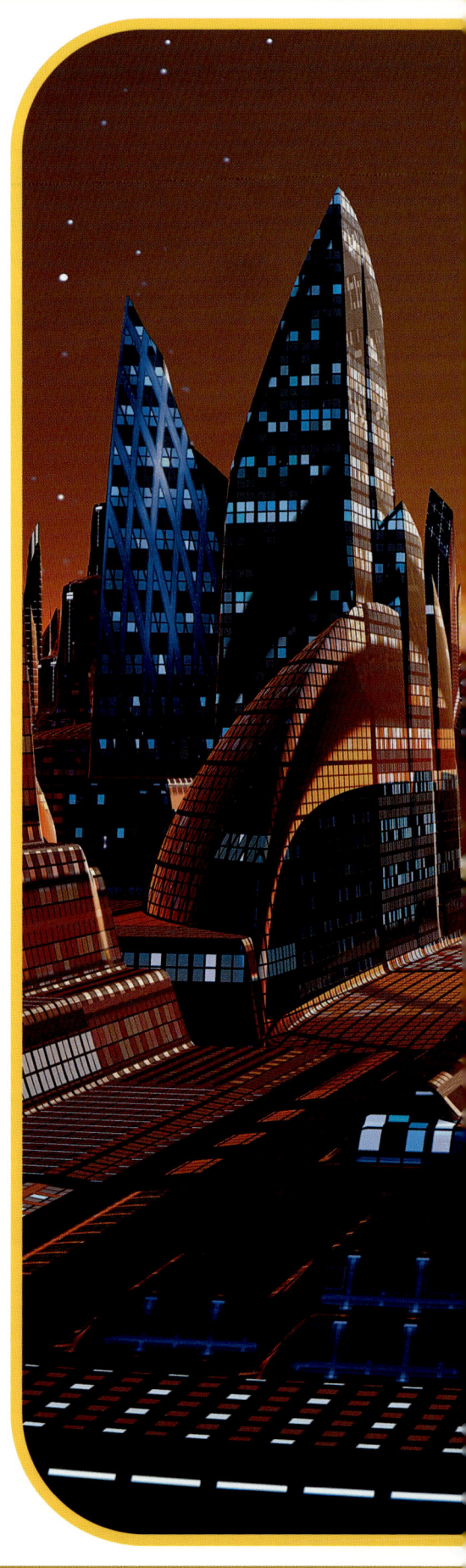

공상 과학 소설이나 영화에서 보면 외계 사회는 과학적으로 매우 발달한 경우가 많아요. 과연 그럴까요? 많은 우주 과학자들은 "그럴 확률이 낮다!"라고 답합니다. 실제로 외계 생명체가 있더라도 우리가 그들과 만날 확률은 매우 낮아요. 우주는 매우 넓고 아주 멀기 때문이지요.

우주가 주는 교훈

**우주에 대해 많은 것을 알게 될수록
더 많은 궁금증들이 생겨나요.**

그래서 과학자들은 답을 찾기 위해 더 멀리 있는 것들을, 더 깊이 연구합니다. 이러한 연구 덕분에 인류는 아주 쓸모 있는 기술을 많이 만들어 실생활에서 활용하고 있지요. 인공위성의 신호로 지리 정보를 알려 주는 위성 항법 시스템(GPS), 정확한 날씨 예측 기술, 여러 가지 컴퓨터 기술 등은 모두 우주를 연구하면서 개발한 기술입니다.

어쩌면 언젠가는 사람들이 우주에서 생활하면서 일하게 될지도 모르겠습니다. 국제 우주 정거장이나 달, 화성 같은 지구와 가까운 우주 어딘가로 출장을 가게 될지도 모르지요. 우주에서 사는 생활은 어떨까요? 시간이 지나면 알게 되겠지요?

오른쪽 사람은 미국 항공 우주국의 우주 비행사예요. 줄 없이 추진 장치로 둥둥 떠다니고 있어요.

우주 연구는 오늘도 진행 중!

그동안 인류의 우주 연구는 꾸준히 결실을 맺고 있습니다. 지금까지 인공위성, 우주 왕복선과 탐사선, 우주 정거장 등을 이용하여 우주 현상이 어떻게, 왜 일어나는지 이해할 수 있도록 해 주었지요. 과학자들은 혜성 67P와 화성에 탐사선을 성공적으로 보냈어요. 이 로봇이 지구로 보내는 자료는 혜성이 우주를 구성하는 데 어떤 역할을 했는지, 화성에 외계 생명체가 있는지 등을 연구하는 데 큰 도움이 될 거예요.

2014년, 탐사선 로제타호에서 나온 필레 착륙선이 혜성 67P에 착륙했어요. 필레는 4일 동안 우주 과학 자료를 지구로 보냈답니다.

국제 우주 정거장에서 찍은 아틀란티스호 사진이에요. 아틀란티스호는 국제 우주 정거장에서 8일 간의 임무를 마친 뒤 우주 비행사들을 태우고 지구로 돌아가고 있어요.

도전! 우주 박사
퀴즈를 풀며 용어를 익혀요

1969년 7월, 우주 비행사 버즈 올드린이 달 표면에 발을 딛으려고 해요. 버즈 올드린, 닐 암스트롱, 마이클 콜린스는 아폴로 11호를 타고 인류 최초로 달에 도착했답니다.

여러분의 우주 지식을 확인할 시간! 다음 용어의 뜻을 잘 읽고, 표시된 페이지로 가서 쓰임을 확인하세요. 이어지는 퀴즈까지 맞혔다면, 여러분을 우주 박사로 인정합니다!

1. 로켓
뜨겁고 강한 압력의 가스를 뿜으며 앞으로 나아가는 장치 (38쪽)

처음으로 사람을 태우고 달에 도착한 우주선은 무엇일까요?
a. 보스토크 1호
b. 제미니 7호
c. 소유즈 4호
d. 아폴로 11호

2. 소행성
태양계가 만들어질 때 행성이 되지 못하고 남은 암석들. 주로 무리지어 있다. (12, 24쪽)

태양계에서 소행성대는 어디에 있을까요?
a. 태양과 수성 사이
b. 화성과 목성 사이
c. 금성과 지구 사이
d. 토성과 금성 사이

3. 블랙홀
강한 중력 때문에 빛조차 빠져나오지 못하고 검게 보이는 천체 (7, 19, 26쪽)

다음 중, 블랙홀 밖으로 빠져나올 수 있는 것은 무엇일까요?
a. 빛
b. 소리
c. 초고속 우주선
d. 없음.

4. 수소
핵융합 반응을 일으켜 별의 주요 에너지원이 되는 기체 (23쪽)

수소가 다 타고 없어진 별은 무엇이 될까요?
a. 펄서
b. 적색 거성
c. 백색 왜성
d. 블랙홀

5. 외계 생명체
지구 밖 우주에서 사는 생명체 (28, 43, 54쪽)

지구에서 외계 생명체에게 처음으로 보낸 메시지는 무엇일까요?
a. 아레시보 메시지
b. 아리바 메시지
c. 안녕!
d. E.T.가 고향으로 건 전화

6. 우주 비행사
우주선을 타고 우주로 나가는 사람 (11, 34, 36, 38, 40, 46, 56쪽)

처음으로 우주에 도착한 사람은 누구일까요?
a. 닐 암스트롱
b. 버즈 올드린
c. 유리 가가린
d. 앨런 셰퍼드

7. 우주 왕복선
반복해서 사용할 수 있는 우주선으로, 컬럼비아호, 챌린저호, 디스커버리호, 애틀랜티스호 등이 있다. (38, 40, 50쪽)

다음 중, 우주 왕복선이 이전의 우주선에 비하여 좋은 점은 무엇일까요?
a. 속도가 빠르다.
b. 연료가 적게 든다.
c. 여러 번 다시 사용할 수 있다.
d. 우주까지 직선 방향으로 날아간다.

8. 위성
다른 행성의 주변을 도는 천체로 '달'이라고도 부른다. 과학자들은 인공적으로 지구 주변을 도는 위성을 만들어 통신·군사·기상 관측 등에 이용하기도 한다. (10, 13, 25, 34쪽)

세계에서 처음으로 쏘아 올린 인공위성의 이름은 무엇일까요?
a. 갈릴레오
b. 케플러
c. 스푸트니크
d. 콜럼버스

9. 은하
중력의 힘에 의하여 모여 있는 별과 행성의 무리 (7, 11, 16, 18, 27, 29, 31, 36쪽)

지구가 속한 은하는 무엇일까요?
a. 소용돌이 은하
b. 안드로메다은하
c. 큰곰자리
d. 우리은하

10. 천문대
천문학자와 과학자들이 망원경으로 하늘을 관찰하고 우주를 연구하는 건물 (14, 28쪽)

영국의 국왕 찰스 2세가 세운 천문대는 무엇일까요?
a. 그리니치 천문대
b. 아레시보 천문대
c. 아이스큐브 중성미자 천문대
d. 아타카마 대형 전파 천문대

정답 1-d, 2-b, 3-d, 4-b, 5-a, 6-c, 7-c, 8-c, 9-d, 10-a

찾아보기

ㄱ

게성운 20
견인 광선 53
고리 은하 27
관제 센터 46
광년 7, 16, 20
국부 은하군 8, 16
국제 우주 정거장 30, 37, 38, 41, 48, 56
그리니치 천문대 15
금성 12, 49

ㄴ

나선 은하 11, 27
나선팔 18
네델린 참사 35
닐 암스트롱 34, 60

ㄷ

다크틸 25
달 7, 13, 30, 34, 36, 42
대기권 10, 38
대류권 10
디스커버리호 30

ㄹ

라니아케아 16
라이카 34
로제타호 56
로켓 38
루니크 2호 34
류양 41

ㅁ

마에 제미슨 40

마이클 콜린스 60
매리너 9호 35
명왕성 11, 24
목성 10, 12, 13
무중력 40, 45
미국 항공 우주국 29, 31, 36, 41, 53, 56
미확인 비행 물체(UFO) 54

ㅂ

발레리 폴리야코프 40
발렌티나 테레시코바 34, 40
백색 왜성 23
버즈 올드린 35
별 6, 11, 12, 14, 18, 22, 43, 48
별똥별 24
별자리 49
보스토크 1호 35
보이저 1호 36
북두칠성 49
불규칙 은하 27
블랙홀 7, 19, 26
빅뱅 16, 26

ㅅ

새 은하 17
샛별 49
살류트 1호 35
성단 18, 30
성도 49
성운 20, 23, 30
성층권 10
세티 연구소 29
소유즈 1호 35
소행성 12, 24
소행성대 13, 35, 50

솜브레로 은하 17
수성 12
스파게티화 26
스푸트니크 34
시리우스 49
쌍둥이 이온 엔진 52

ㅇ

아레시보 천문대 14, 28
아이스큐브 중성미자 천문대 15
아틀란티스호 59
아폴로-소유즈 시험 계획 35
안드로메다은하 17
암흑 물질 26, 51
암흑 에너지 26, 51
열권 10
오로라 48
왜소행성 24
외계 생명체 7, 28, 43, 54
외기권 10
용자리 49
우리은하 6, 8, 11, 12, 16, 18, 23, 31, 39, 48, 54
우주 경쟁 34
우주 비행사 11, 34, 36, 38, 40, 46, 56
우주 왕복선 38, 40, 50
우주 정거장 37, 38, 41, 45
우주 탐사선 7, 31
운석 24
원반 18
월면차 36
위성 10, 13, 25, 34
위성 항법 시스템(GPS) 56
유리 가가린 34, 45
유성 24
유성우 24

유성체 24, 51
은하 7, 11, 16, 18, 27, 31, 36
은하핵 19
이다 25
익스플로러 1호 34
인공위성 10, 34, 36, 38, 48, 56
이티(E.T.) 28

ㅈ

적색 거성 23
적색 왜성 23
존 허셜 글렌 35, 41
준궤도 35
중력 11, 22, 26, 39, 50
중앙 팽대부 18
지구 10, 12, 24, 28, 31, 42

ㅊ

창어 36
챌린저호 35
처녀자리 초은하단 8, 16
천문대 14, 28
천문학자 14, 18, 23, 25, 29, 42, 46, 48
천왕성 13
천체 7, 11, 16, 19, 25, 27, 34, 42
첼랴빈스크 25
초신성 23

ㅋ

카시오페이아자리 49
카이퍼 벨트 24
칼 세이건 29
퀘이사 26

큐리오시티 37
크리스 해드필드 41
큰개자리 49
큰곰자리 49

ㅌ
타원 은하 27
탐사선 36, 50, 56
태양 7, 11, 12, 19, 25, 42, 50
태양 에너지 36

태양계 7, 11, 12, 24
토성 13

ㅍ
파이어니어 10호 35
펄서 20, 23
프렌드십 7호 35
프랭크 드레이크 29
프록시마 켄타우리 16
프리덤 7호 35

ㅎ
항공 우주 공학자 46
해왕성 13, 24, 39
핼리 혜성 24
행성 7, 10, 42, 47, 53
헤라클레스자리 49
헤일로 18
혜성 7, 24, 33, 56
혜성 67P 56
화성 12, 33, 35, 37
휴대 전화 52

기타
M33 31
W. M. 켁 천문대 14

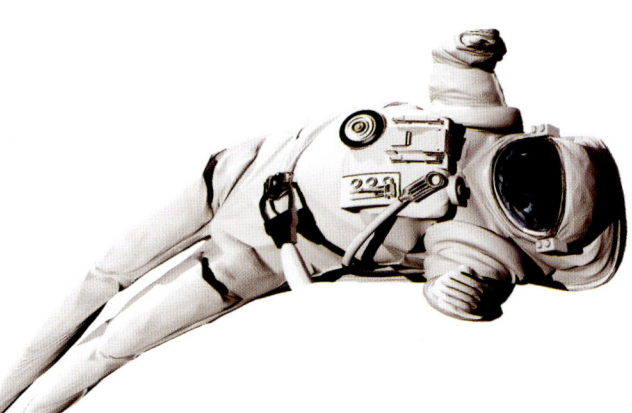

사진 저작권

Front cover and spine, NASA, ESA and H.E. Bond (STScI); **back cover (LE),** Courtesy of NASA; **(RT),** Courtesy of NASA; **(MIDLE)** NASA, ESA and H.E. Bond (STScI) **1,** NASA, ESA, and M. Livio and the Hubble 20th Anniversary Team (STScI); **2-3,** NASA Courtesy Photo; **4-5,** Courtesy of NASA; **6-7,** Standret/Shutterstock; **7 (MIDRT),** Margaret Amy Salter; **7 (MIDLE),** Courtesy of Brendan Mullan; **8-9,** Janez Volmajer/Shutterstock; **10,** Vadim Sadovski/Shutterstock; **11 (UPLE),** Vadim Sadovski/Shutterstock; **11 (LORT),** Leemage/Getty Images; **11 (UPRT),** Alhovik/Shutterstock; **12 (LO),** Aphelleon/Shutterstock; **13 (UPRT),** Courtesy of NASA; **14 (LORT),** Issac Ruiz/iStock; **14 (MIDLE),** Margaret Amy Salter; **15 (UPRT),** Holbox/Shutterstock; **15 (LOLE),** Alex Pix/Shutterstock; **16 (UPRT),** Bettmann/Corbis; **16 (LO),** Mark Garlick Words & Pictures LTD/Science Photo Library/Corbis; **17 (UP),** ESA/Herschel/PACS/SPIRE/J.Fritz, U.Gent/XMM-Newton/EPIC/W. Pietsch, MPE; **17 (LO),** European Southern Observatory/Science Photo Library; **11 (UPRT),** Alhovik/Shutterstock; **12 (LO),** Aphelleon/Shutterstock; **13 (UPRT),** Courtesy of NASA; **14 (LORT),** Issac Ruiz/iStock; **14 (MIDLE),** Margaret Amy Salter; **15 (UPRT),** Holbox/Shutterstock; **15 (LOLE),** Alex Pix/Shutterstock; **16 (UPRT),** Bettmann/Corbis; **16 (LO),** Mark Garlick Words & Pictures LTD/Science Photo Library/Corbis; **17 (UP),** ESA/Herschel/PACS/SPIRE/J.Fritz, U.Gent/XMM-Newton/EPIC/W. Pietsch, MPE; **17 (LO),** European Southern Observatory/Science Photo Library; **18-19,** Mark A. Garlick/Science Photo Library/Corbis; **20-21,** NASA, ESA, J. Hester, A. Loll (ASU); **22,** NASA, ESA, and J. Maiz Apellaniz (Instituto de Astrofisica de Andalucia, Spain); **23 (UPLE),** Courtesy of NASA; **23 (UPRT),** Science Pics/Shutterstock; **23 (LOLE),** NASA Courtesy Photo; **24 (LE),** Bettmann/Corbis; **24 (RT),** Tony Hallas/Science Faction/Corbis; **25 (UPRT),** NASA, Jet Propulsion Laboratory; **25 (LO),** Reuters TV/Reuters/Corbis; **26 (LO),** Mark A. Garlick/Science Photo Library/Getty; **26 (INSET),** 1971 Yes/iStock; **27 (LOLE),** Luca Limatola ESA/Hubble & NASA; **27 (MIDLE),** ESA/Hubble & NASA; **27 (UPLE),** ESA/Hubble & NASA; **27 (LORT),** Mark A. Garlick/Science Photo Library/Corbis; **28 (LO),** David Parker/Science Photo Library/Corbis; **28 (UPRT),** Universal/The Kobal Collection; **29 (UPLE),** Roger Ressmeyer/Corbis; **29 (LOLE),** Tony Korody/Sygma/Corbis; **29 (RT),** Best Designs/iStock; **29 (LORT),** Margaret Amy Salter; **30 (ALL),** Courtesy of NASA; **31 (UP),** Image courtesy of Mike Trenchard/NASA; **31 (LOLE),** NASA/JPL-Caltech/UCLA; **31 (LORT),** NASA/Lewis Research Center; **32-33,** Marc Ward/Shutterstock; **34-35,** Art Shock/Shutterstock; **34 (UPLE),** Bettmann/Corbis; **35 (UPLE),** Courtesy of NASA; **35 (UPMID),** RGB Ventures/SuperStock/Alamy; **35 (MIDLE),** NASA Photo by Bill Taub; **35 (LOLE),** IA Novosti /Alamy; **35 (RT),** Corbis; **36 (RT),** Courtesy of NASA; **37 (UP),** NASA Courtesy Photo; **37 (LOLE),** Detlev Van Ravenswaay/ /Science Photo Library/Corbis; **37 (LORT),** NASA/JPL-Caltech; **38 (LE),** Courtesy of NASA; **38 (UPLE),** NASA/Roger Ressmeyer/CORBIS; **39 (LOLE),** Independent Picture Service/Alamy; **39 (RT),** Courtesy of NASA; **39 (LORT),** Margaret Amy Salter; **40 (UPLE),** Courtesy of NASA; **40 (UPRT),** Ria Novosti/Science Photo Library; **40 (LORT),** NASA Archive/Alamy; **41 (LE),** Courtesy of NASA; **41 (UPRT),** Courtesy of NASA; **41 (LORT),** Jason Lee/Reuters/Corbis; **42 (UPLE),** Leemage/Corbis; **42 (UPRT),** Sdecoret/Shutterstock; **42 (LO),** Jacopin/BSIP/Corbis; **43 (UPLE),** Thinkstock; **43 (UPRT),** Forplayday/iStock; **43 (MIDLE),** Stefan Holm/Shutterstock; **43 (MIDRT),** Denis Rozhnosky/Shutterstock; **43 (LOLE),** Sergey USSR/iStock; **43 (LORT),** Norman Chan/Dreamstime; **44-45,** Xinhua/Corbis; **47 (UPLE),** Gary Gladstone/Getty Images; **47 (UPRT),** NASA/Getty Images; **47 (MIDLE),** Stolk/iStock; **47 (LO),** Courtesy of NASA; **48 (LE),** Rainbow Joe/iStock; **48 (RT),** Shauni/iStock; **49 (UPLE),** Christian Davidson/Shutterstock; **49 (UPRT, UPMIDRT, LOMIDRT, LORT),** Yganko/Shutterstock; **49 (MIDRT),** Angelinast/Shutterstock; **50-51,** NASA/JPL-Caltech; **50 (UPRT),** Triff/Shutterstock; **51 (LOLE),** 3D Sculptor/Shutterstock; **51 (LE),** Siraphat/Shutterstock; **51 (UPRT),** Johan Swanepoel/Shutterstock; **52 (UPRT),** AF archive / Alamy; **52 (LOLE),** CBS Photo Archive/Getty Images; **53 (UPLE),** CBS Photo Archive/Getty Images; **53 (MIDLE),** Gl0ck/Shutterstock; **53 (LOLE),** Lucas Film/20th Century Fox/The Kobal Collection; **53 (UPRT),** Lucas Film/20th Century Fox/The Kobal Collection; **53 (MIDRT),** Mark Chivers/Robert Harding World Imagery/Corbis; **53 (LORT),** CBS Photo Archive/Getty Images; **54-55,** Diverse Pixel/Shutterstock; **56-57,** ESA/Getty Images; **57,** Courtesy of NASA; **58-59,** Courtesy of NASA; **60,** Courtesy of NASA; **63,** 1971 Yes/iStock;

지은이 헬레인 베커

공상 과학과 실제 동물들로부터 영감을 받아 엉뚱하고 멋진 주제의 놀랍고 재밌는 책을 쓰고 있으며 학생들을 만나 신나는 과학 수업을 펼치기도 한다. 『빈둥빈둥 읽는 과학책(Science on the Loose)』, 『몬스터 사이언스』, 『과학 실험 교과서』 등을 비롯해 70권이 넘는 어린이책을 썼고, 캐나다 자녀 교육 출판상, 온타리오 도서관 협회상 등을 받았다.

지은이 브렌던 멀런

천문학자이자 우주 생물학자이다. 오랜 시간 별을 연구하고, 외계 생명체를 찾고 있으며 다양한 연령대의 천문학자들을 교육하기도 한다. 우주의 규모, 멀리 떨어져 있는 행성, 별, 은하계, 성운 등을 연구한다.

옮긴이 이강환

서울대학교 천문학과를 졸업한 뒤 같은 대학원에서 천문학 박사 학위를 받았다. 영국 켄트대학에서 로열 소사이어티 펠로우로 연구했다. 국립과천과학관 연구관, 서대문자연사박물관 관장, 과학기술정보통신부 장관정책보좌관을 역임했고, 사람들에게 과학을 알리는 일을 하고 있다. 지은 책으로 『우주의 끝을 찾아서』, 『빅뱅의 메아리』, 『응답하라 외계생명체』가 있고, 옮긴 책으로 「신기한 스쿨버스」 시리즈, 『우리는 모두 외계인이다』, 『더 위험한 과학책』, 『기발한 천체 물리』 등이 있다.

감수 맹승호

서울대학교 지구과학교육과를 졸업하고, 같은 대학원에서 지구과학교육전공으로 박사학위를 받았다. 미국 펜실베니아주립대학교에서 과학교육분야 박사후과정 연구를 수행하였고, 현재 서울교육대학교 과학교육과 교수로 재직 중이다. 지구과학 주제에 대한 학습의 발달 과정과 과학 학습의 인식론적 특성에 대한 학술연구를 지속적으로 수행 중이며, 함께 지은 책으로 『일곱 빛깔 지구과학』, 『가족과 함께 하는 주말 지질 여행』 등이 있다.

1판 1쇄 펴냄 - 2021년 11월 5일, 1판 4쇄 펴냄 - 2025년 7월 14일
지은이 헬레인 베커, 브렌던 멀런 옮긴이 이강환 감수 맹승호 펴낸이 박상희 편집장 전지선 편집 이정선 디자인 신현수, 시다현
펴낸곳 (주)비룡소 출판등록 1994. 3. 17.(제16-849호) 주소 06027 서울시 강남구 도산대로1길 62 강남출판문화센터 4층 홈페이지 www.bir.co.kr
전화 02)515-2000 팩스 02)515-2007 제품명 어린이용 각양장 도서 제조자명 (주)비룡소 제조국명 대한민국 사용연령 3세 이상

NATIONAL GEOGRAPHIC KIDS EVERYTHING : SPACE
Copyright © 2015 National Geographic Partners, LLC.
Korean Edition Copyright © 2021 National Geographic Partners, LLC.
All rights reserved.
NATIONAL GEOGRAPHIC and Yellow Border Design are trademarks of the National Geographic Society, used under license.
이 책의 한국어판 저작권은 National Geographic Partners, LLC.에 있으며, (주)비룡소에서 번역하여 출간하였습니다.
저작권법에 의해 한국 내에서 보호를 받는 저작물이므로 무단 전재와 무단 복제를 금합니다.
ISBN 978-89-491-3217-4 74400 / ISBN 978-89-491-3210-5 (세트)